いちばん
やさしい

着物の形を生かして作る

ほどかない
着物リメイク

松下純子
Wrap Around R.

PHP

もくじ

Pattern 3

衿とおくみ、袖を
はずしてリメイク

ポケットワンピース

写真 P.16 作り方 P.64

ワンピース＆ストール

写真 P.17 作り方 P.64

スクエアネック
ワンピース

写真 P.18 作り方 P.70

スクエアネック
ワンピース ロング

写真 P.19 作り方 P.70

ベスト

写真 P.20 作り方 P.75

ロングベスト

写真 P.21 作り方 P.75

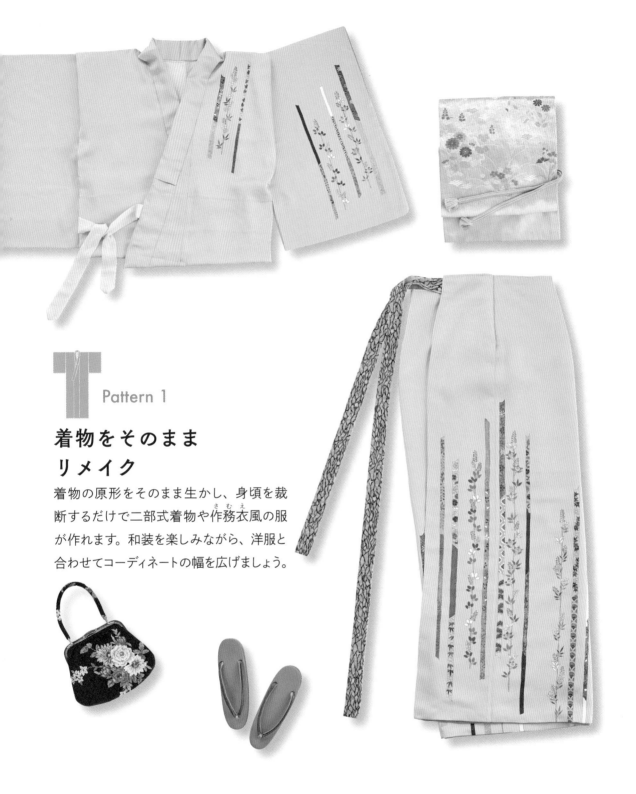

Pattern 1

着物をそのまま
リメイク

着物の原形をそのまま生かし、身頃を裁
断するだけで二部式着物や作務衣風の服
が作れます。和装を楽しみながら、洋服と
合わせてコーディネートの幅を広げましょう。

二部式着物
上衣＆下衣（スカート）

作り方
P.29

1枚の着物を上下に分けたセパレートタイプは、和装も洋装も
楽しめる便利なアイテム。着付けに不慣れでも崩れにくく、おは
しょりの始末も簡単。本格的な正絹の袷も気軽に着られます。

二部式着物なら下衣がラップス
カートとしても活躍します。ウ
エストにダーツをほどこし、立
体的でラインもすっきり。

作務衣風
上衣&パンツ

作り方
P.34

木綿の浴衣を上下に裁ち、着心地のいい作務
衣風に。上衣は袖下を短く裁断し、パンツの裾をタ
ックで絞った、作業着にぴったりのデザインです。

後ろ中心の糸を抜き、袖下を
股下のマチにしてパンツを仕立
てました。アンクル丈のパンツ
はカジュアルスタイルと好相性。

はかまパンツ

作り方
P.34

暖かみのあるウール地の単衣(ひとえ)着物から作ったワイドパンツは、肌寒い秋冬シーズンに最適。十分丈とゆったりシルエットは着まわし力が高く、普段使いにおすすめです。

Pattern 2

衿やおくみをはずして
リメイク

衿やおくみをはずせば、バリエーションがぐっと増えます。重ね着しやすいトップスやスカートなど、華やかな着物柄が映えるアイテムでコーディネートを楽しんで。

はおり ロング　作り方 P.47

袷 着物の衿をはずし、おくみを残してゆったりラインのはおりを作りました。広めの七分袖がレトロな雰囲気に。風合いのあるネップ生地と粋な縞の紬は、カジュアルにかっこよく着こなして。

はおり 作り方 P.47

やわらかな正絹の袷着物で仕立てたシンプルなはおり。深めの
Vネックが首もとをすっきり、顔まわりを明るく見せてくれます。
前あわせを手持ちのブローチなどでとめて華やかさを演出。

ジャケット&
ラップ風スカート

作り方
P.54

クリーム色に花柄が可憐な袷着物を、ジャケットとスカートにリ
メイク。直線的なラインを生かしたセットアップです。上品な光
沢感のある正絹とパール調の足つきボタンで清楚さを演出。

着物の裾をそのまま使ったラップ風
スカート。着まわしやすいミドル丈
にスリットを入れて大人っぽいシル
エットに。

ボックス型ジャケットは、広すぎな
い衿ぐりできちんとした印象に。軽
快に羽織ればカーディガンとしても
活躍します。

着物の後ろ中心を前中心にした、
ボリューム感あるAラインのスカ
ート。ロング丈の後ろにスリット
を入れた動きやすい仕様です。

1枚でブラウスとしても使える軽
めのジャケット。ウエストのタッ
クでシェイプして、立体感のある
女性らしい雰囲気に。

タックジャケット&
フレアスカート

作り方
P.54

色鮮やかな花柄を黒ボタンで引き締めたセットアップ。タックで
裾を細くしたジャケットとフレアスカートで、気になるおなかまわ
りをカバー。正絹の袷着物は季節を問わず楽しめます。

コートワンピース　作り方 P.40

アンティークの趣あふれる銘仙の単衣着物を使ったコートワン
ピース。後ろのウエストにゴムを入れて、きれいなＡラインのシ
ルエットに。ふわっと羽織れて、春から初夏に重宝します。

14

カシュクールワンピース 作り方 P.40

内側にリボンをつけ、重ね着しやすいカシュクールにアレンジ。
おくみの幅を生かした切り替えスカートで上品な仕上がりに。
ほどよい厚みのある縮緬の袷着物は秋冬シーズンにおすすめ。

Pattern 3

衿とおくみ、袖を
はずしてリメイク

袖もはずして、ノースリーブの多彩な
デザインのワンピースやベストにアレ
ンジ。ギャザーやタックを活用すれ
ば、立体感のあるシルエットも簡単に
作れます。

ポケットワンピース　作り方
P.64

涼しげな浴衣で作ったVネックのワンピースは、暑い季節に快
適な一着。肩のタックで丸みをもたせ、胸もとにはダーツを入
れて体のラインをすっきりカバーします。便利なポケットつき。

16

ワンピース&ストール 作り方 P.64

上品に着こなせるストールつきのワンピースには、さわや
かな色合いの正絹の単衣（ひとえ）を使用。着丈を短く裁断すれ
ばブラウスにも。フロントのスリットでフェミニンな印象に。

はずした2枚の袖を縫い合わ
せてストールに。ワンピースの
リボンにも、ヘアや首もとのア
クセントとしても楽しめます。

17

スクエアネックワンピース

作り方 P.70

大輪の花が印象的な袷の色留袖で作ったワンピース。裾は裁たずにそのまま使い、柄が引き立つように着物の前中心をスカートの脇にしました。スリットを入れて動きやすいデザインに。

スクエアネック
ワンピース ロング

作り方
P.70

やさしい色合いの小紋の袷着物をワンピースにリメイク。顔まわ
りをすっきりと見せるスクエアネックや、ウエストの両サイドに入
れたゴムギャザーが、落ち着いたシルエットを演出します。

ベスト  作り方
P.75

絽の着物で仕立てた清涼感のあるベスト。おくみを衿として使
い、肩のギャザーで立体感ある軽やかなシルエットに。ヒップ
が隠れるチュニック丈は、体型をすっきりカバーしてくれます。

ロングベスト

作り方 P.75

シックな正絹の単衣（ひとえ）着物を、縦長ラインがきれいなロング丈の
ベストにアレンジ。肩から伸びるドレープで華やかさをプラス。
シンプルなアイテムと相性がよく、重ね着しやすい一着です。

着物リメイクで使う道具

本書で紹介する作品を作るときに使う道具を紹介します。

基本の道具

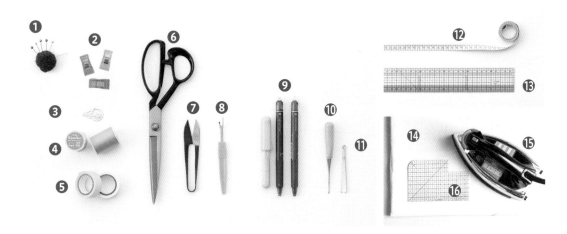

❶ピンクッション・手縫い針（普通地用）・マチ針　❷仮どめクリップ（マチ針の代わりに着物地の仮どめに使用）　❸縫い針用糸通し　❹手縫い糸（スパン糸がおすすめ）　❺マスキングテープ（着物のシミや表裏、ミシンの縫い代の目印に使用）
❻裁ちバサミ　❼握りバサミ　❽リッパー　❾印つけ用のペン（チャコペンのほかに、こすって消えるボールペンもアイロンの熱で消える）　❿目打ち（縫い返した角を出すなど、細かい作業用）
⓫紐通し　⓬メジャー　⓭方眼定規（30㎝以上のものが便利）　⓮アイロン台　⓯アイロン
⓰アイロン定規（三つ折りをするときに、はかりながらアイロンがあてられる）

ミシンについて

直線縫い、あら縫い、ジグザグ縫いの3種類で作る。両手で布を扱うことができるフットコントローラーがあるとミシンがけが安定するのでおすすめ。

ミシン針と糸について

布の厚さ	ミシン針	ミシン糸
薄地	9号	90番
普通地	11号	60番
厚地	14号	30番

多くの着物地は、針11号と糸60番で縫えるが、表のように布の厚みに合わせて針と糸を替える。糸の色は、縫い目が目立たないように布に近い色を、柄布はいちばん多い色を、薄い色の布は1トーン明るい色、濃い色の布は1トーン暗い色を選ぶとよい。

着物の種類と名称

着物には裏地をつけて仕立てた「袷」と着物地のみで仕立てた「単衣」があります。
基本的な着物の仕立てや名称を覚えておきましょう。

袷着物

胴裏、八掛と呼ばれる裏地があり、肌寒い季節の装いのリメイクに適した着物。留袖や訪問着はフォーマルな装いにおすすめ。

単衣着物

裏地がないので、通気性が良く軽やかな普段使いのカジュアルな着物が多い。絽の着物や浴衣など夏服のリメイクにおすすめ。

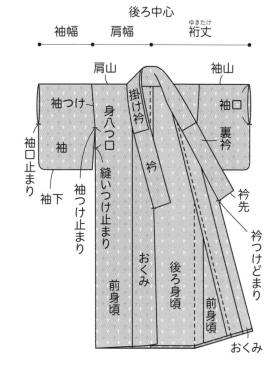

裾や袖口は着物地と裏地を内側に折って縫い合わせて端処理をしている。

裾や袖口は着物地を二つ折り、三つ折りなどをして端処理をしている。

【注意】
着物をほどかず縫い目など元の仕立てを利用して作品を作ります。リメイクする着物を選ぶ際は、身幅や裄丈など、自分の着用サイズに合っているか、着物を試着して確認します。着丈については、デザインによって着物を裁つので、各作品の作り方ページで指定している裁ち図の長さを確認しましょう。

補強と透け防止のために居敷当てなどがついている場合がある。つけたままでも、はずしてリメイクしてもよい。

リメイクの手順

作りはじめる前にリメイクの手順を確認しましょう。

1 不要なパーツをはずす

Pattern 1
着物をそのままリメイク

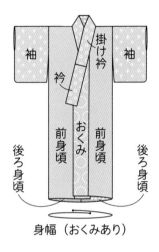

身幅（おくみあり）

Pattern 2
衿やおくみをはずしてリメイク

掛け衿→衿→おくみの順にはずす

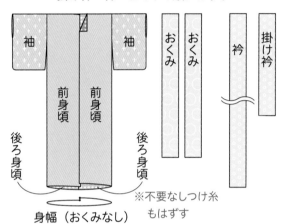

身幅（おくみなし）

※不要なしつけ糸
もはずす

Pattern 3
衿とおくみ、袖をはずしてリメイク

掛け衿→衿→おくみ→袖の順にはずす

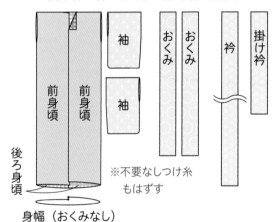

後ろ身頃

※不要なしつけ糸
もはずす

身幅（おくみなし）

【糸の切り方】

リッパー

着物をはずすときの糸切りは、リッパーを使うとよい。とがった長い先端を下にして、糸を引き上げて切る。袖や衿のつけ止まりは、しっかりととめられているので、糸をゆるめてから丁寧に切る。とがった先端を布にひっかけてやぶいてしまわないように注意する。

【着物の寸法の目安】

●身幅（おくみあり）：132〜150cm　●身幅（おくみなし）：120〜132cm　●袖幅：30〜32cm

●身丈（肩から裾）：155〜180cm

【はずして広げたパーツの寸法の目安】

●袖：幅36〜38cm・長さ90〜120cm　●おくみ：幅18〜19cm・長さ135〜140cm

●衿：幅18〜19cm・長さ200〜210cm　●掛け衿：幅18〜19cm・長さ約90cm

※着物によって生地幅や仕立て方法が違うため寸法が異なります。裁断する前に定規やメジャーではかり、
　各寸法を確認しましょう。

裁ち寸法をはかるとき、肩や後ろ中心、裾からはかるため、
着物をまっすぐになるようにととのえましょう。※袷着物は裏地がずれないように注意する

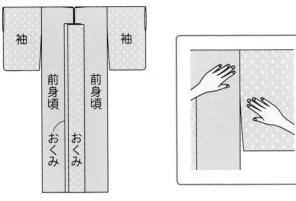
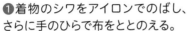
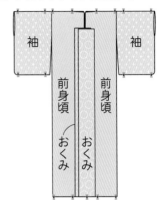

❶着物のシワをアイロンでのばし、
さらに手のひらで布をととのえる。

❷仮どめクリップで、肩、袖下、裾
をとめる。

3 裁ち線の印をつける

裁断寸法は次の基準からはかり、裁ち線をまっすぐ引きましょう。

Ⓐ 肩や裾を基準にはかる
【例】P.54 ジャケット & ラップ風スカート

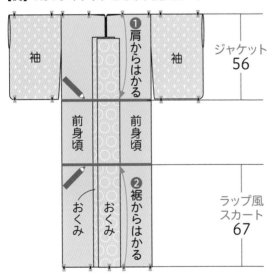

❶肩からはかる

ジャケット **56**

❷裾からはかる

ラップ風
スカート **67**

Ⓑ 脇の縫いどまりを基準にはかる
【例】P.70 スクエアネックワンピース

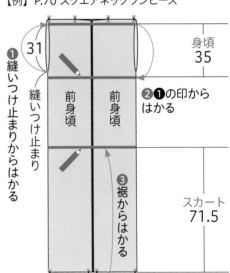

31

❶縫いつけ止まりからはかる

縫いつけ止まり

❷❶の印からはかる

❸裾からはかる

身頃 **35**

スカート **71.5**

Ⓒ 後ろ中心を基準にはかる
【例】P.29 二部式着物（上衣）

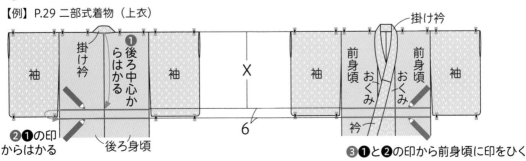

掛け衿

❶後ろ中心からはかる

X

❷❶の印からはかる

後ろ身頃

6

前身頃

おくみ

衿

❸❶と❷の印から前身頃に印をひく

多くの作品は布を重ねて裁ちます。
布がずれないように注意しながら、まっすぐ裁ちましょう。

Ⓐ 前・後ろ身頃を一緒に裁つ

【例】P.54 ジャケット＆ラップ風スカート

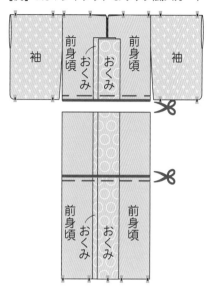

二部式着物の上衣（P.29）以外の作品は、すべて前・後ろの裁ち寸法が同じなので、着物の前をとじたまま、前・後ろ身頃、おくみや衿も一緒に裁つ。

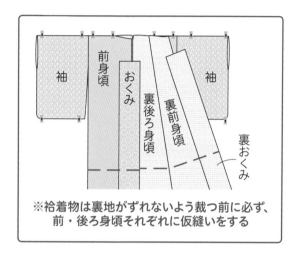

※袷着物は裏地がずれないよう裁つ前に必ず、前・後ろ身頃それぞれに仮縫いをする

Ⓑ 前・後ろ身頃それぞれを裁つ

【例】P.29 二部式着物（上衣）

前・後ろ身頃の裁ち寸法が異なるため、前身頃を裁ったあと、後ろ身頃を裁つ。

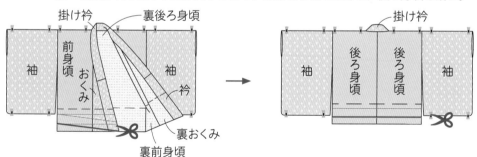

【布の裁ち方】

NG

着物や布を水平な作業台に広げて、裁ちバサミの下刃を作業台につけ、布に対して垂直に上刃をおろして裁ちすすめる。

布と裁ちバサミを浮かせたり、刃を傾けたりするとゆがむので注意。

5 本縫いする

ミシン縫いの基本
実際に使う着物地と糸で試し縫いをしてから始めましょう。

直線縫い

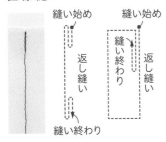

約2mmの目で縫う基本の縫い目。糸がほどけないよう、縫い始めと終わりは約1cm返し縫いする。※図右は1周縫う場合。

あら縫い

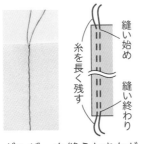

ギャザーを縫うときなど、約4mmの目で縫うあら縫い。縫い始めと終わりは返し縫いをせず、糸を長く残す。

縁かがり縫い

裁断した布端を縁かがり縫いする。ロックミシンがない場合は、家庭用ミシンでジグザグ縫いする（手縫いの場合は布の端から2～3mmを並縫い）。

【注意】
着物を仕立てた縫い目をそのまま生かすため、布を折る、タックをたたむなどの工程では、布が重なりミシンよっては縫いすすめられない場合があります。無理に縫いすすめず、布が重なった部分は手縫いしましょう。

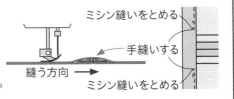

手縫いの基本
4つの基本の縫い方で丁寧に針をすすめましょう。

並縫い

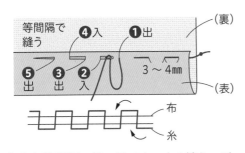

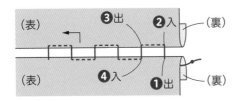

表裏を等間隔の縫い目でまっすぐ縫う、手縫いの基本。二つ折りや三つ折りに用いる。

本返し縫い

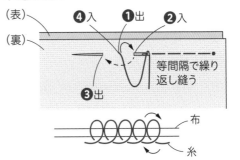

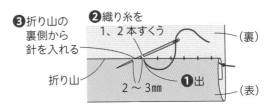

ひと針ずつ後ろに戻りながら縫いすすめる。布と布を合わせて縫うときに用いる。

コの字縫い

2枚の布の縫い目を見せず、コの字を描くように縫い代をぴったりととじ合わせる。返し口をとじるときなどに用いる。

まつり縫い

縫い目が表から目立たないので、スカートやパンツの裾上げなどに用いる。

裁ち図と作り方の図の見方

作り始める前に図の見方を確認しておきましょう。

基本の表記と記号

布表は ▢色　　　　布裏は ▢色　　　　単位は cm

◀──▶ 布のたて地の方向　　－－－－－ 解説している縫い線　　～～～ 長さを省略

◢ 印つけ　　　　　　　－－－－－ 縫い終えた線　　　▭▭ 伸びどめテープ

～～～ 縁かがり縫い　　　　●－－－－－ 縫い止まり　　　　◭ アイロンをかける
（ジグザグ縫い・ロックミシン）

－・－・－ 中心線　　　　◉ 寸法をはかる

裁ち図の見方

【例】P.54 ジャケット & ラップ風スカート

1 着物に印をつけて裁つ（P.25-**3**-**A**・P.26-**4**-**A**）ⓐ

❶着物に裁ち線の印をつけて仮縫いし、ジャケットとスカートを裁つ

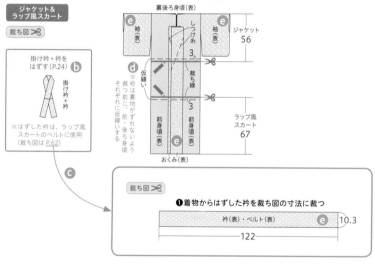

※はずした衿は、ラップ風スカートのベルトに使用（裁ち図は P.62）

ポイント

ⓐ 着物を裁つ前に（ ）内の指定するページを参照し、印のつけ方と裁ち方を確認する

ⓑ 着物を裁つ前に不要なパーツをはずす

ⓒ はずしたパーツを使う場合、指定するページの裁ち図の寸法で裁断する

ⓓ 衿は裏地がずれるため、裁つ前に仮縫いをする。単衣で作る場合は、仮縫いは不要

ⓔ 製図を見やすくするための模様

作り方の図の見方

【例】P.42 コートワンピース

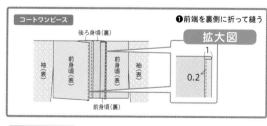

指定図

作り方が共通の作品でも、袷・単衣、デザイン等で一部作り方図が異なるので、囲み線内は指定する作品名を必ず確認する。

4 袖下を縫って裁ち、脇のあきを縫いとじる（袷 P.57-**5**・単衣 P.35-**2**）

指定図

破線の囲み線は省略図です。（ ）内の指定するページを必ず参照し、作り方を確認する。

※布が重なっているところがわかるように、図は少しずらして記載。実際はぴったり合わせる。

※単位はcm
←→ 布のたて地の方向
〰〰 縁かがり縫い（裁ち図のみに記載）
----- 解説している縫い線
----- 縫い終えた線
●---- 縫い止まり
—·— 中心線

二部式着物
上衣＆下衣（スカート）

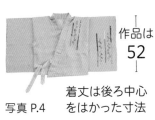

作品は
52

着丈は後ろ中心
をはかった寸法

写真 P.4

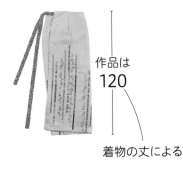

作品は
120

着物の丈による

材料

● 袷着物…1枚
【上衣用】
● 着物用の腰紐…1本
【スカート用】
● 好みの布地（腰紐用）
　…P.33 の腰紐の裁ち図参照

作り方 上衣

1 着物に印をつける（P.25- 3 - Ⓒ）

裁ち図 ✂

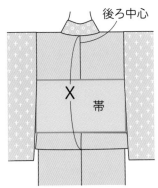

後ろ中心

X

帯

❶着物を試着して帯を
前で結び、後ろ中心
の衿下からおはしょ
りの下までの長さX
をはかる（Xの目安
は 52cmくらい）

※袷は裏地がずれないよ
う裁つ前に、前・後ろ
身頃それぞれに仮縫
いをする

❷着物の後ろ中心の衿下から寸法をはかり、
　後ろ仕上がり線と後ろ裁ち線の印をつけ、仮縫いをする

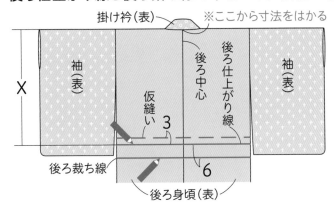

掛け衿（表）
※ここから寸法をはかる
後ろ中心
後ろ仕上がり線
袖（表）
X
仮縫い　3
後ろ仕上がり線
後ろ中心
袖（表）
後ろ裁ち線
6
後ろ身頃（表）

❸後ろ身頃の印を基準に、前身頃にも後ろ仕上がり線
　と後ろ裁ち線の印をつけ、仮縫いをする

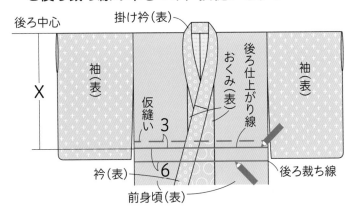

後ろ中心
掛け衿（表）
後ろ仕上がり線
おくみ（表）
袖（表）
X
仮縫い　3
袖（表）
衿（表）
6
後ろ裁ち線
前身頃（表）

2 着物を裁つ（P.26- 4 - B）

裁ち図 ✂

※袷は裏地がずれないよう裁つ前に、
　前・後ろ身頃それぞれに仮縫いをする

**❶スカート裁ち線の印をつけ、
　仮縫いをして裁つ**

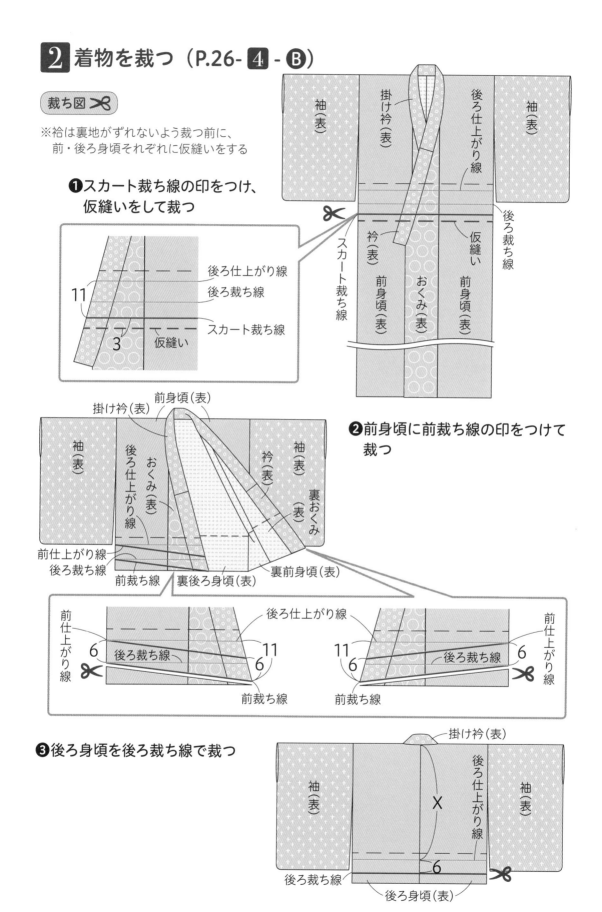

11

3

後ろ仕上がり線
後ろ裁ち線
スカート裁ち線
仮縫い

袖（表）
掛け衿（表）
後ろ仕上がり線
袖（表）
スカート裁ち線
衿（表）
仮縫い
後ろ裁ち線
前身頃（表）
おくみ（表）
前身頃（表）

**❷前身頃に前裁ち線の印をつけて
　裁つ**

袖（表）
掛け衿（表）
前身頃（表）
後ろ仕上がり線
おくみ（表）
衿（表）
袖（表）
裏おくみ（表）
前仕上がり線
後ろ裁ち線
前裁ち線
裏後ろ身頃（表）
裏前身頃（表）

前仕上がり線
後ろ仕上がり線
後ろ裁ち線
6
6
11
11
6
6
前仕上がり線
前裁ち線
後ろ裁ち線
前裁ち線

❸後ろ身頃を後ろ裁ち線で裁つ

掛け衿（表）
袖（表）
後ろ仕上がり線
X
袖（表）
6
後ろ裁ち線
後ろ身頃（表）

3 上衣のおはしょりを作る

❶上衣の裏地と着物地の裾を内側に折り、まつり縫い
（P.27）またはミシン縫いし、仮縫いをはずす

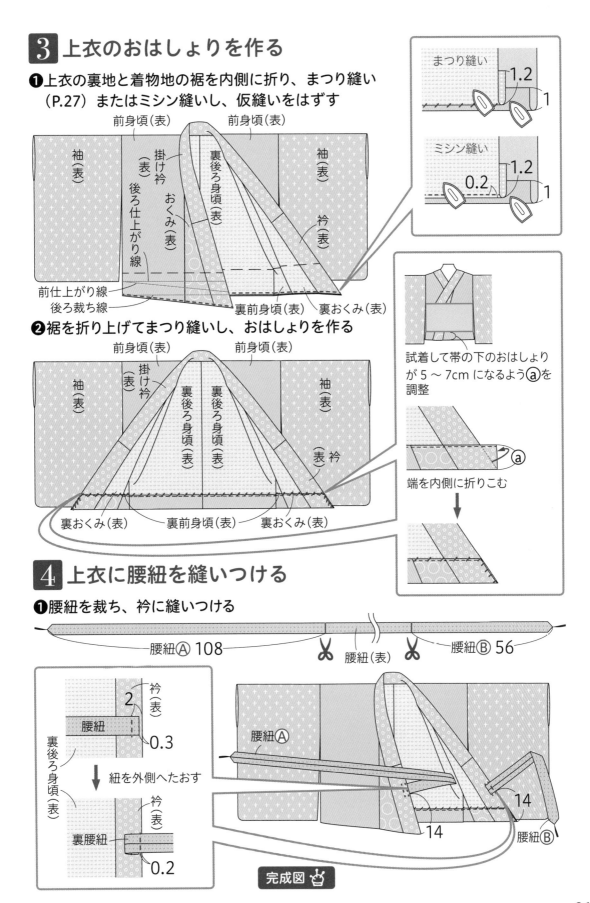

前身頃（表）　前身頃（表）

袖（表）

掛け衿（表）

後ろ仕上がり線

裏後ろ身頃（表）

おくみ（表）

袖（表）

衿（表）

前仕上がり線
後ろ裁ち線

裏前身頃（表）　裏おくみ（表）

まつり縫い
1.2　1

ミシン縫い
0.2　1.2　1

❷裾を折り上げてまつり縫いし、おはしょりを作る

前身頃（表）　前身頃（表）

袖（表）

掛け衿（表）

裏後ろ身頃（表）　裏後ろ身頃（表）

袖（表）

表　衿

裏おくみ（表）　裏前身頃（表）　裏おくみ（表）

試着して帯の下のおはしょり
が5〜7cmになるよう ⓐ を
調整

ⓐ

端を内側に折りこむ

4 上衣に腰紐を縫いつける

❶腰紐を裁ち、衿に縫いつける

腰紐Ⓐ 108　腰紐（表）　腰紐Ⓑ 56

衿（表）

腰紐

2

0.3

裏後ろ身頃（表）

紐を外側へたおす

衿（表）

裏腰紐

0.2

腰紐Ⓐ

14

14

腰紐Ⓑ

完成図

5 下衣ウエストにダーツを縫う

❶下衣の衿をはずし、ウエストの裏地と着物地を内側に折り、縫いとじる

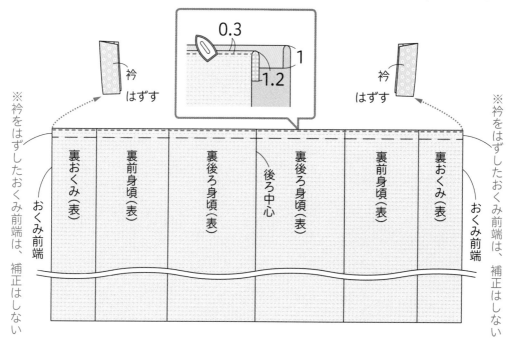

❷ウエストの縫い目にそれぞれダーツを縫う

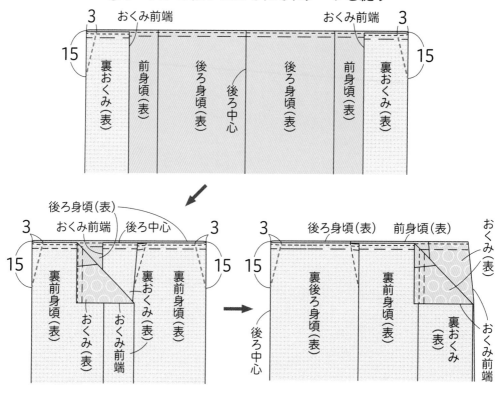

6 ウエストのダーツを縫いとめ、腰紐を縫いつける

❶ ダーツを裏地の内側の縫い代と同じ方向にたおし、
下衣にまつり縫いでとめる

おくみ前端　裏おくみ（表）　裏前身頃（表）　裏後ろ身頃（表）　後ろ中心　裏後ろ身頃（表）　裏前身頃（表）　裏おくみ（表）　おくみ前端

裁ち図 ✄

❷ 腰紐用布地を裁つ

腰紐Ⓐ
8
73

腰紐Ⓑ
8
103

❸ 二つ折りにして二辺を縫う

1
腰紐（裏）
わ
あき
腰紐（表）
1

❹ 表に返してアイロンでととのえる

腰紐（表）
わ
あき

もう1枚も同様

❺ 仮縫いをはずし、おくみ前端のあきに
腰紐をはさんで縫いとじる

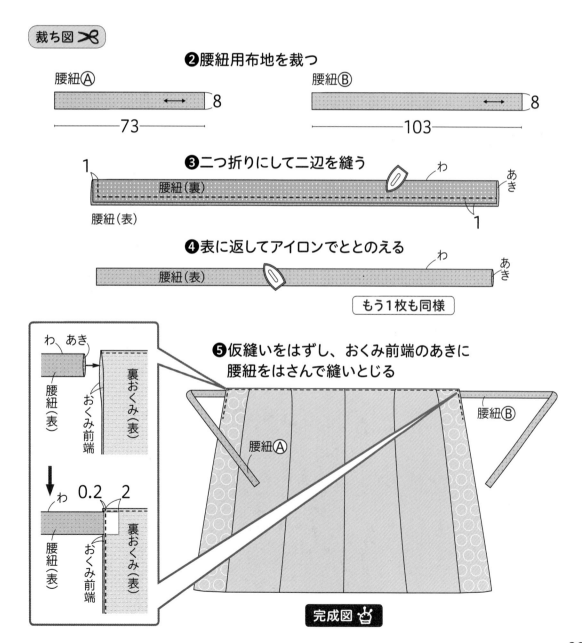

わ　あき
腰紐（表）
おくみ前端
裏おくみ（表）

0.2　2
わ
腰紐（表）
おくみ前端
裏おくみ（表）

腰紐Ⓐ
腰紐Ⓑ

完成図

※単位は㎝
←→ 布のたて地の方向
〰〰 縁かがり縫い（裁ち図のみに記載）
┅┅┅ 解説している縫い線

┄┄┄ 縫い終えた線
●━ 縫い止まり
━・━ 中心線

作務衣風 上衣 & パンツ
（さむえ）

55

作品は
77

写真 P.6

はかまパンツ

95

写真 P.7

材料
【作務衣風上衣&パンツ用】
●浴衣…1枚
【はかまパンツ用】
●単衣着物…1枚
【パンツ用】
●1.5㎝幅の伸びどめテープ
（片面アイロン接着 P.47）…適宜
●2㎝幅の平ゴム…適宜
（ウエスト＋1㎝を調整）

作り方 　作務衣の上衣

1 着物に印をつけて裁つ（P.25-3-A・P.26-4-A）

裁ち図 ✂

❶裁ち線の印をつけて 上衣とパンツを裁つ

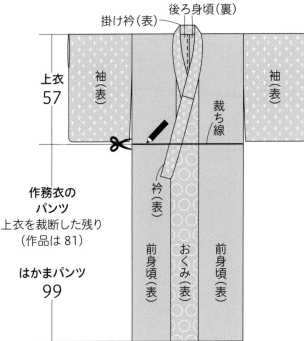

掛け衿（表）
後ろ身頃（裏）

上衣
57

袖（表）

裁ち線

袖（表）

作務衣の
パンツ
上衣を裁断した残り
（作品は81）

はかまパンツ
99

衿（表）

前身頃（表）

おくみ（表）

前身頃（表）

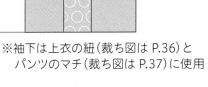

※袖下は上衣の紐（裁ち図は P.36）と
　パンツのマチ（裁ち図は P.37）に使用

❷袖の仕上がり線と裁ち線 の印をつけて袖下を縫い、 裁ち線で裁つ　反対側も同様

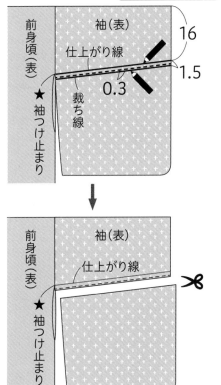

前身頃（表）

袖（表）

16

仕上がり線

1.5

0.3

裁ち線

★袖つけ止まり

前身頃（表）

袖（表）

仕上がり線

★袖つけ止まり

② 袖下を縫う

❶裏側に返して袖をととのえ、袖下を縫う

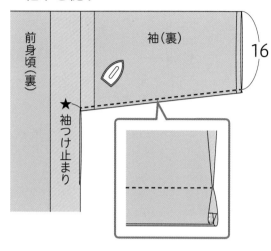

前身頃（裏）
袖（裏）
16
★
袖つけ止まり

❷袖下の縫い代を後ろ身頃側にたおし、コの字縫い（P.27）で袖口にとめる

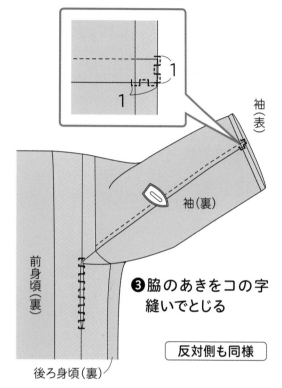

1
1
袖（表）
袖（裏）
前身頃（裏）
後ろ身頃（裏）

❸脇のあきをコの字縫いでとじる

反対側も同様

③ 上衣の裾を縫う

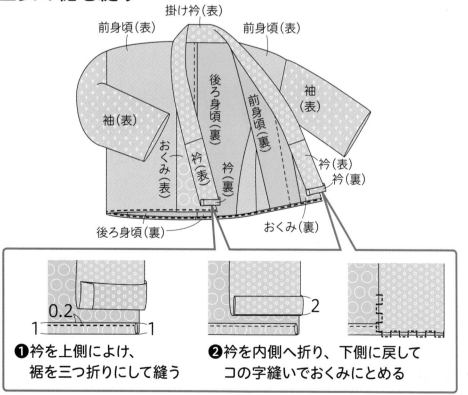

掛け衿（表）
前身頃（表）
前身頃（表）
後ろ身頃（裏）
前身頃（裏）
袖（表）
袖（表）
おくみ（表）
衿（表）
衿（裏）
衿（表）
衿（裏）
後ろ身頃（裏）
おくみ（裏）

0.2
1
1
❶衿を上側によけ、裾を三つ折りにして縫う

2
❷衿を内側へ折り、下側に戻してコの字縫いでおくみにとめる

4 着物の袖下から紐を作り、身頃に縫いつける

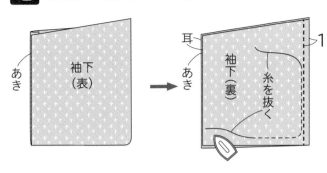

❶袖下の糸を抜き、着物地をととのえて長辺を縫い直す

もう1枚も同様

❷縫い代を割り、紐の裁ち線の印をつけて裁つ

裁ち図 ✂

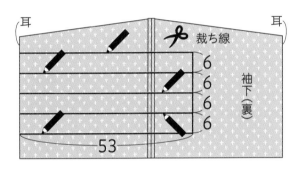

❸紐の左右の端、上下辺の順に折る

※ここから紐部分の着物名称を省略

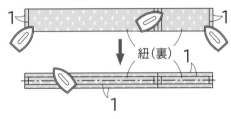

❹二つ折りにして、三辺を縫う

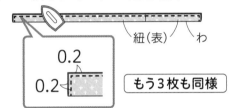

もう3枚も同様

❺紐を身頃に縫いとめる

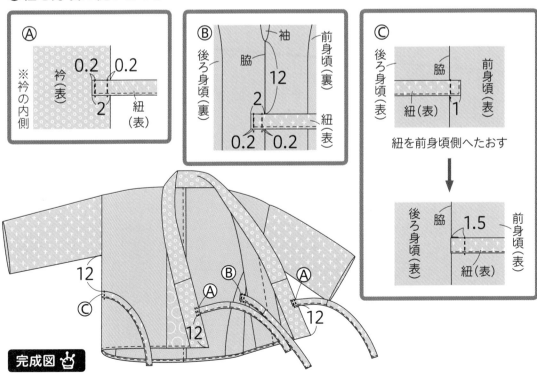

完成図 ☺

5 パンツのマチを作る

❶長辺を縫い直した袖下を二つに折ってマチの裁ち線の印をつける

裁ち図 ✂️   裏側も同様

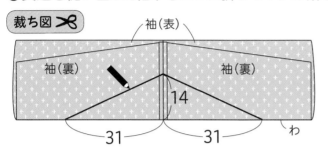

袖（表）
袖（裏）   袖（裏）
14
31   31   わ

❷伸びどめテープを印の内側に貼って◇に裁つ

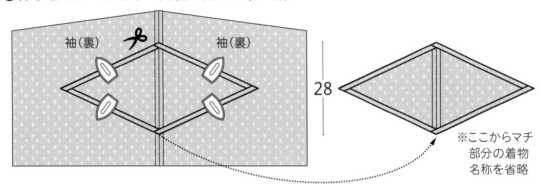

袖（裏） ✂️ 袖（裏）
28
※ここからマチ
部分の着物
名称を省略

6 着物の後ろ中心の糸を抜き、パンツの股下を作る

❶左右の衿をはずし、おくみ前端の縫われて
いない部分をまつり縫い（P.27）して補正する

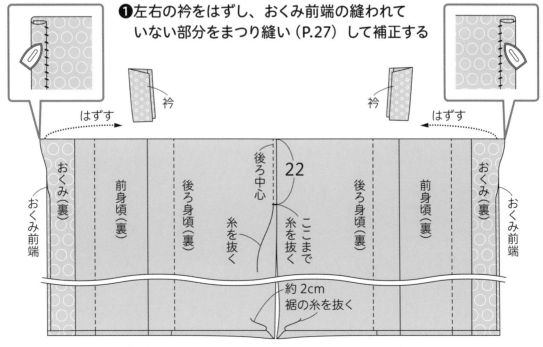

はずす   衿   衿   はずす

おくみ（裏） 前身頃（裏） 後ろ身頃（裏） 後ろ中心 糸を抜く 22 ここまで糸を抜く 後ろ身頃（裏） 前身頃（裏） おくみ（裏）

おくみ前端   おくみ前端

約2cm
裾の糸を抜く

❷後ろ中心に印をつけ、裾から印まで糸を抜く

7 パンツの前・後ろ中心を縫い、マチを縫いつける

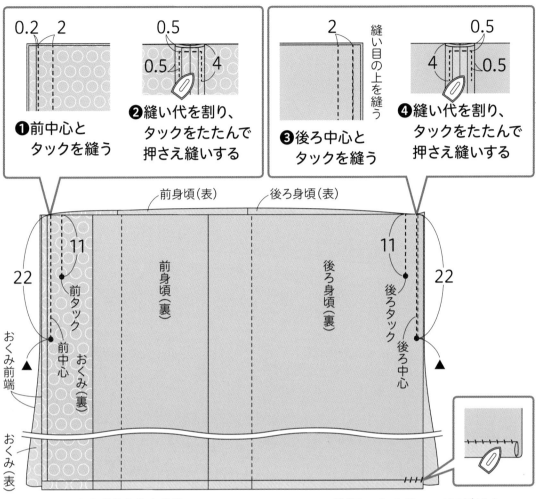

❶前中心と タックを縫う
0.2　2

❷縫い代を割り、 タックをたたんで 押さえ縫いする
0.5
0.5　4

❸後ろ中心と タックを縫う
2　縫い目の上を縫う

❹縫い代を割り、 タックをたたんで 押さえ縫いする
0.5
4　0.5

前身頃（表）　後ろ身頃（表）

11　22
前タック
前中心
前身頃（裏）
おくみ（裏）

後ろ身頃（裏）

11　22
後ろタック
後ろ中心

おくみ前端
おくみ（表）

▲　▲

※ここから着物名称を省略

❺裾の糸を抜いてほどけた 部分をまつり縫いで補正する

❻前パンツとマチを中表に 合わせ、▲から矢印の方 向に縫い止まりまで縫う

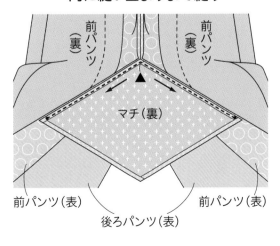

前パンツ（裏）　前パンツ（裏）
マチ（裏）
前パンツ（表）　前パンツ（表）
後ろパンツ（表）

❼後ろパンツとマチを中表に 合わせ、▲から矢印の方向 に縫い止まりまで縫う

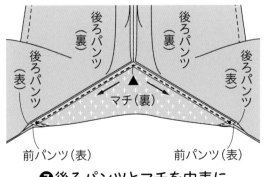

後ろパンツ（裏）　後ろパンツ（裏）
後ろパンツ（裏）　後ろパンツ（表）
マチ（裏）
前パンツ（表）　前パンツ（表）

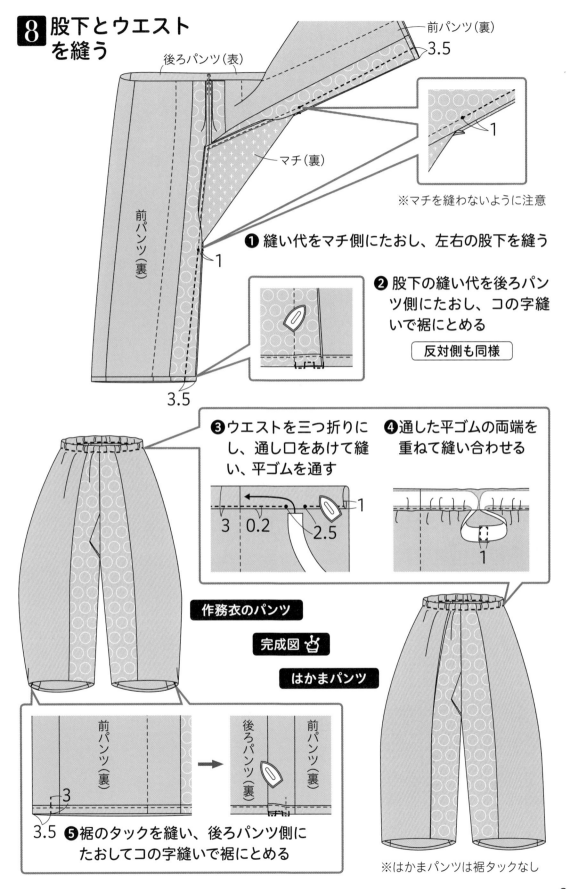

8 股下とウエストを縫う

後ろパンツ（表）

前パンツ（裏）

前パンツ（裏）

マチ（裏）

1

3.5

1

3.5

※マチを縫わないように注意

❶ 縫い代をマチ側にたおし、左右の股下を縫う

❷ 股下の縫い代を後ろパンツ側にたおし、コの字縫いで裾にとめる

反対側も同様

❸ ウエストを三つ折りにし、通し口をあけて縫い、平ゴムを通す

3　0.2　2.5　1

❹ 通した平ゴムの両端を重ねて縫い合わせる

1

作務衣のパンツ

完成図

はかまパンツ

前パンツ（裏）

後ろパンツ（裏）　前パンツ（裏）

3

3.5 ❺ 裾のタックを縫い、後ろパンツ側にたおしてコの字縫いで裾にとめる

※はかまパンツは裾タックなし

39

※単位はcm
◄──► 布のたて地の方向
〰〰 縁かがり縫い（裁ち図のみに記載）
‥‥‥ 解説している縫い線
----- 縫い終えた線
●---- 縫い止まり
—・— 中心線

コートワンピース　カシュクール
ワンピース

122

115

写真 P.14　　　　　　写真 P.15

材料 ─────────────●

【コートワンピース用】
●単衣着物…1枚
●1.2cm幅のリボン
　…55cm×2本
【カシュクールワンピース用】
●袷着物…1枚
●1.2cm幅のリボン
　…55cm×4本
【共通】
●1.5cm幅の伸びどめテープ
　（片面アイロン接着 P.47）
　…適宜
●0.4cm幅の平ゴム…18cm

作り方 👒　コートワンピース・カシュクールワンピース共通

1 着物に印をつけて裁つ（P.25-3-Ⓐ・P.26-4-Ⓐ）

❶着物に裁ち線の印をつけて（カシュクールワンピースは仮縫いをする）、身頃とスカートを裁つ

コートワンピース

裁ち図 ✂

掛け衿＋衿を
はずす（P.24）

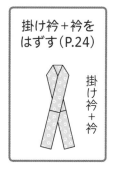

掛け衿＋衿

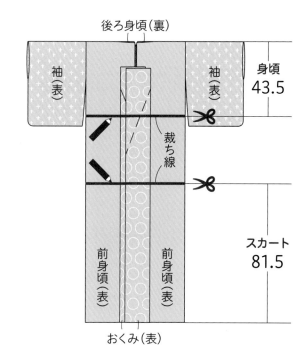

後ろ身頃（裏）

袖
（表）

袖
（表）

身頃
43.5

裁ち
線

スカート
81.5

前
身
頃
（表）

前
身
頃
（表）

おくみ（表）

裁ち図 ✂

掛け衿＋衿を
はずす（P.24）

掛け衿＋衿

裏後ろ身頃（表）

袖（表）　　仮縫い　　袖（表）

身頃
43.5

裁ち線

3

✂

仮縫い

3

✂

仮縫い

※袷は裏地がずれないよう
裁つ前に、前・後ろ身頃
それぞれに仮縫いする

スカート
74.5

前身頃（表）　前身頃（表）

おくみ（表）

2 前身頃のおくみをはずす

コートワンピース

❶おくみをはずす

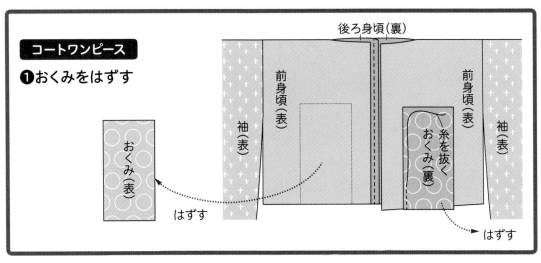

後ろ身頃（裏）

前身頃（表）　　前身頃（表）

袖（表）　　　　　　　　　袖（表）

おくみ（表）

糸を抜く
おくみ（裏）

はずす

はずす

カシュクールワンピース

**❶前端に仮縫いをし、
おくみ・裏おくみをはずす**

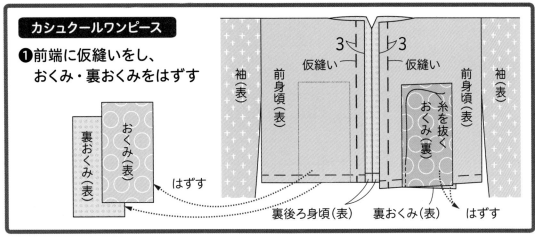

袖（表）　前身頃（表）

3　3
仮縫い　仮縫い

前身頃（表）　袖（表）

糸を抜く
おくみ（裏）

裏おくみ（表）　おくみ（表）

はずす

裏後ろ身頃（表）　裏おくみ（表）　はずす

3 前端を縫う

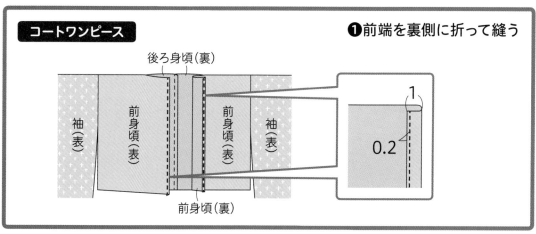

コートワンピース

❶前端を裏側に折って縫う

後ろ身頃（裏）

袖（表）　前身頃（表）　前身頃（表）　袖（表）

前身頃（裏）

1
0.2

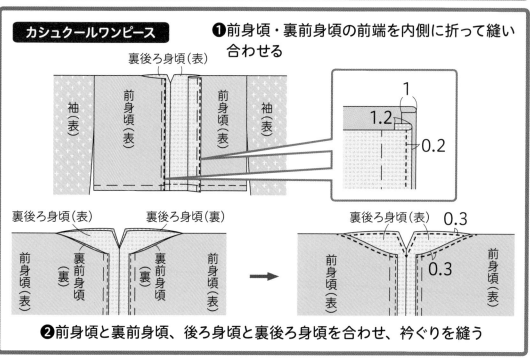

カシュクールワンピース

❶前身頃・裏前身頃の前端を内側に折って縫い合わせる

裏後ろ身頃（表）

袖（表）　前身頃（表）　前身頃（表）　袖（表）

1
1.2
0.2

裏後ろ身頃（表）　　裏後ろ身頃（裏）

前身頃（表）　裏前身頃（裏）　裏前身頃（裏）　前身頃（表）

裏後ろ身頃（表）　0.3

前身頃（表）　0.3　前身頃（表）

❷前身頃と裏前身頃、後ろ身頃と裏後ろ身頃を合わせ、衿ぐりを縫う

4 袖下を縫って裁ち、脇のあきを縫いとじる（袷 P.57-5 ・単衣 P.35-2）

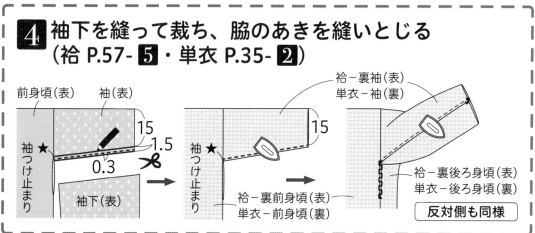

前身頃（表）　袖（表）

袖つけ止まり ★

15
1.5
0.3

袖下（表）

袖つけ止まり ★

15

袷−裏前身頃（表）
単衣−前身頃（裏）

袷−裏袖（表）
単衣−袖（裏）

袷−裏後ろ身頃（表）
単衣−後ろ身頃（裏）

反対側も同様

5 衿ぐりを作る

❶ 衿ぐりを伸びどめテープではさんで縫いとめる
（カシュクールワンピースは前端の仮縫いをはずす）

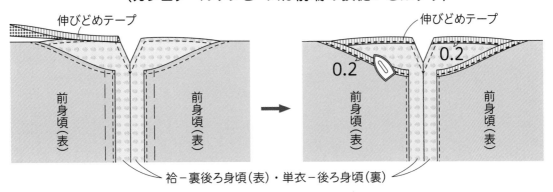

伸びどめテープ

前身頃（表）　前身頃（表）

伸びどめテープ

0.2　0.2

前身頃（表）　前身頃（表）

袷－裏後ろ身頃（表）・単衣－後ろ身頃（裏）

❷ 裏側に返して前衿ぐりを折る

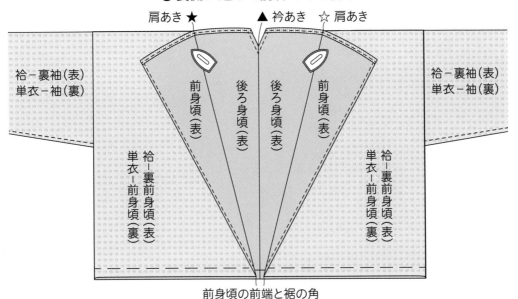

肩あき ★　　▲ 衿あき　☆ 肩あき

袷－裏袖（表）
単衣－袖（裏）

前身頃（表）　後ろ身頃（表）　後ろ身頃（表）　前身頃（表）

袷－裏前身頃（表）
単衣－前身頃（裏）

袷－裏袖（表）
単衣－袖（裏）

袷－裏前身頃（表）
単衣－前身頃（裏）

前身頃の前端と裾の角

❸ 後ろ衿ぐりを折る

肩あき ☆　　後ろ身頃（表）　肩あき ★

▲ 衿あき

袷－裏後ろ身頃（表）
単衣－後ろ身頃（裏）

袷－裏後ろ身頃（表）
単衣－後ろ身頃（裏）

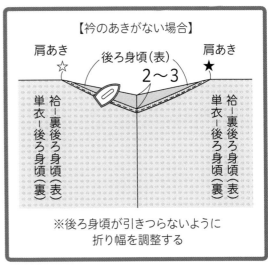

【衿のあきがない場合】

肩あき ☆　　後ろ身頃（表）　肩あき ★

2～3

袷－裏後ろ身頃（表）
単衣－後ろ身頃（裏）

袷－裏後ろ身頃（表）
単衣－後ろ身頃（裏）

※後ろ身頃が引きつらないように
折り幅を調整する

6 衿ぐりを縫う

❶衿ぐりを縫う

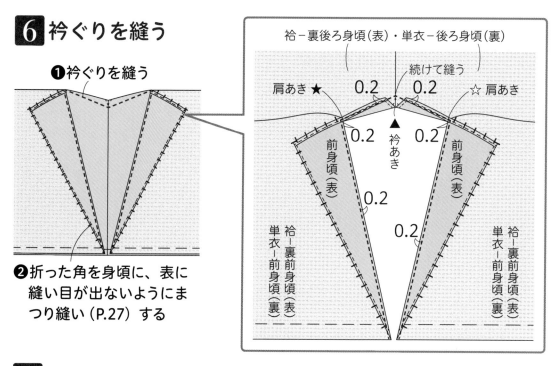

袷－裏後ろ身頃（表）・単衣－後ろ身頃（裏）

続けて縫う

肩あき★　0.2　0.2　☆肩あき

0.2　▲衿あき　0.2

前身頃（表）　前身頃（表）

0.2

0.2

袷－裏前身頃（表）
単衣－前身頃（裏）

袷－裏前身頃（表）
単衣－前身頃（裏）

❷折った角を身頃に、表に
縫い目が出ないようにま
つり縫い（P.27）する

7 スカートを身頃の寸法に合わせる

❶身頃とスカートの幅をはかる

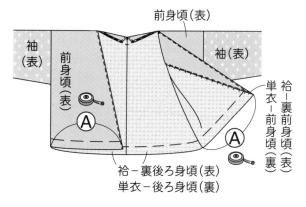

袖
（表）

前身頃
（表）

前身頃（表）

袖（表）

Ⓐ

袷－裏前身頃（表）
単衣－前身頃（裏）

Ⓐ

袷－裏後ろ身頃（表）
単衣－後ろ身頃（裏）

スカートの前身頃とおくみⒷ－身頃の前身頃Ⓐ＝Ⓒ

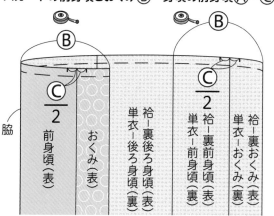

脇

Ⓑ　Ⓑ

$\frac{Ⓒ}{2}$
前身頃（表）

おくみ（表）

袷－裏後ろ身頃（表）
単衣－後ろ身頃（裏）

$\frac{Ⓒ}{2}$
袷－裏前身頃（表）
単衣－前身頃（裏）

袷－裏おくみ（表）
単衣－おくみ（裏）

❷身頃の幅に合わせてスカート
にタックをとり、外側にたおし
て縫いとめる

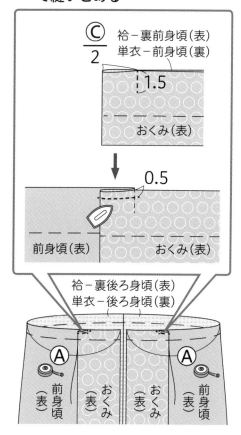

$\frac{Ⓒ}{2}$　袷－裏前身頃（表）
単衣－前身頃（裏）

1.5

おくみ（表）

0.5

前身頃（表）　おくみ（表）

袷－裏後ろ身頃（表）
単衣－後ろ身頃（裏）

Ⓐ　Ⓐ

前身頃
（表）

おくみ
（表）

おくみ
（表）

前身頃
（表）

8 身頃とスカートを縫い合わせる

❶身頃とスカートの後ろ身頃、左右の脇を中表に合わせ、ウエストを縫う

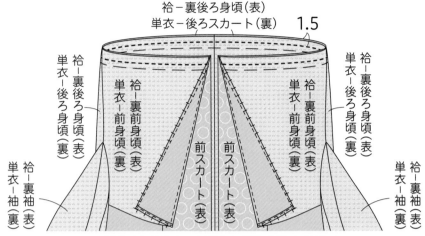

裄－裏後ろ身頃（表）
単衣－後ろスカート（裏）　1.5

裄－裏後ろ身頃（表）
単衣－後ろ身頃（裏）

裄－裏前身頃（表）
単衣－前身頃（裏）

裄－裏後ろ身頃（表）
単衣－後ろ身頃（裏）

裄－裏後ろ身頃（表）
単衣－後ろ身頃（裏）

裄－裏前身頃（表）
単衣－前身頃（裏）

前スカート（表）

前スカート（表）

裄－裏前身頃（表）
単衣－前身頃（裏）

裄－裏袖（表）
単衣－袖（裏）

裄－裏袖（表）
単衣－袖（裏）

※ここからスカート部分の着物名称を省略

❷ウエストの縫い代に伸びどめテープをはさんで縫いとめる
　（カシュクールワンピースはウエストの仮縫いをはずす）

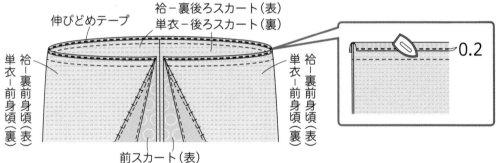

伸びどめテープ

裄－裏後ろスカート（表）
単衣－後ろスカート（裏）

裄－裏前身頃（表）
単衣－前身頃（裏）

裄－裏前身頃（表）
単衣－前身頃（裏）

前スカート（表）

0.2

9 後ろ身頃のウエストにゴム通しを縫い、平ゴムを通す

❶縫い代を身頃側にたおし、後ろ身頃のウエストにゴム通しを縫う

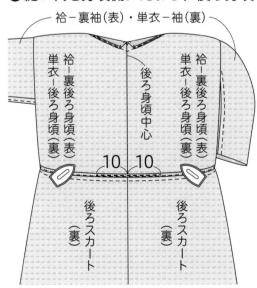

裄－裏袖（表）・単衣－袖（裏）

裄－裏後ろ身頃（表）
単衣－後ろ身頃（裏）

後ろ身頃中心

裄－裏後ろ身頃（表）
単衣－後ろ身頃（裏）

10　10

後ろスカート
（裏）

後ろスカート
（裏）

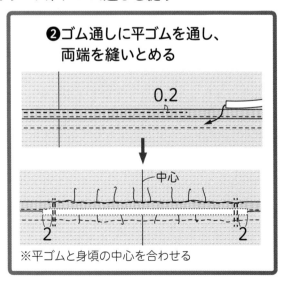

❷ゴム通しに平ゴムを通し、
　両端を縫いとめる

0.2

中心

2　　　　2

※平ゴムと身頃の中心を合わせる

10 リボンを縫いつける

❶リボンを縫いとめる

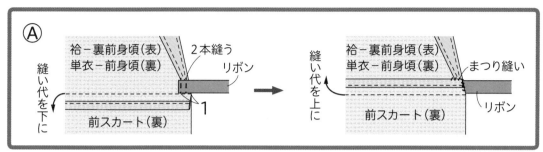

Ⓐ
袷-裏前身頃(表)
単衣-前身頃(裏)
2本縫う
リボン
縫い代を下に
前スカート(裏)
1

→

袷-裏前身頃(表)
単衣-前身頃(裏)
まつり縫い
縫い代を上に
リボン
前スカート(裏)

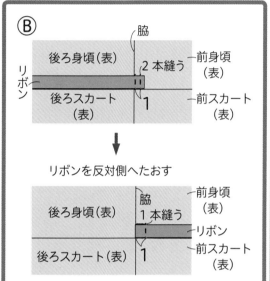

Ⓑ
脇
後ろ身頃(表)
前身頃(表)
リボン
2本縫う
後ろスカート(表)
前スカート(表)
1

↓

リボンを反対側へたおす

後ろ身頃(表)
脇
前身頃(表)
1本縫う
リボン
後ろスカート(表)
前スカート(表)
1

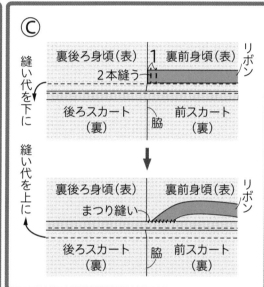

Ⓒ
裏後ろ身頃(表)
1
裏前身頃(表)
リボン
2本縫う
縫い代を下に
後ろスカート(裏)
脇
前スカート(裏)

↓

縫い代を上に

裏後ろ身頃(表)
裏前身頃(表)
リボン
まつり縫い
後ろスカート(裏)
脇
前スカート(裏)

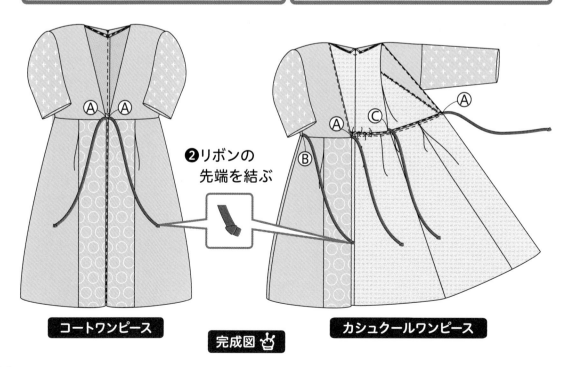

コートワンピース

❷リボンの先端を結ぶ

完成図

カシュクールワンピース

※単位はcm
◆——▶ 布のたて地の方向
〰〰〰 縁かがり縫い（裁ち図のみに記載）
┄┄┄┄ 解説している縫い線
┄┄┄┄ 縫い終えた線
●┄┄ 縫い止まり
—・— 中心線

はおり ロング　　はおり

115

90

写真 P.8　　　　写真 P.9

材料

【共通】
● 袷着物…1枚
● 1.5cm幅の伸びどめテープ
（片面アイロン接着）…適宜

─ MEMO ─

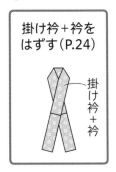

伸びどめテープ

伸びどめテープ

片面にアイロン接着剤のついた平織りのテープ。衿ぐりやウエストなど、布端のほつれを防ぐために伸びどめテープを貼る。斜めに縫うときも布の伸びをおさえて縫いやすくなる。

作り方 👑 はおり ロング・はおり共通

1 掛け衿・衿をはずす

❶掛け衿と衿をはずす

掛け衿＋衿を
はずす（P.24）

掛け衿＋衿

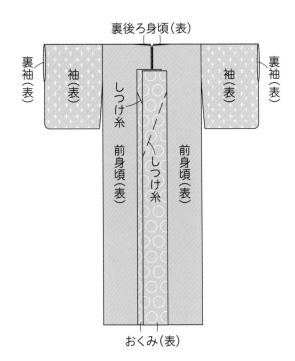

裏後ろ身頃（表）

裏袖（表）　　袖（表）　　しつけ糸　　前身頃（表）　　しつけ糸　　前身頃（表）　　袖（表）　　裏袖（表）

おくみ（表）

47

2 おくみをととのえ、身頃に縫いとめる

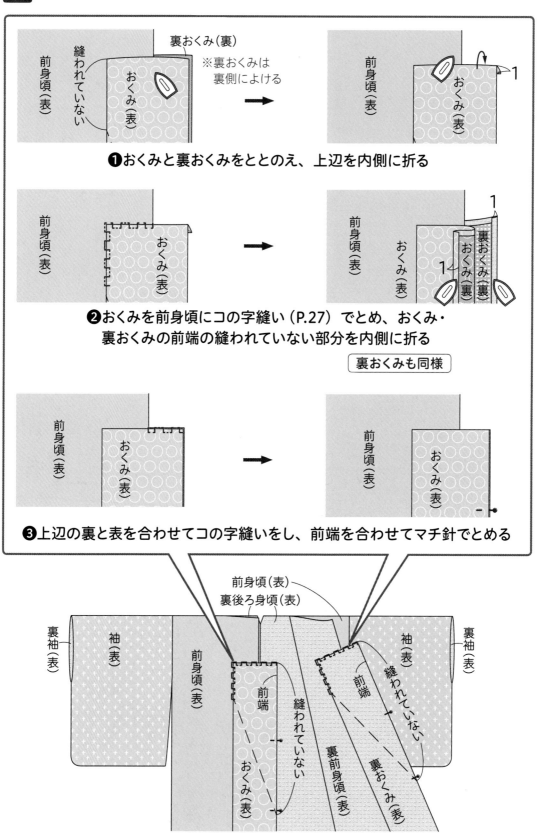

❶おくみと裏おくみをととのえ、上辺を内側に折る

❷おくみを前身頃にコの字縫い（P.27）でとめ、おくみ・
裏おくみの前端の縫われていない部分を内側に折る

裏おくみも同様

❸上辺の裏と表を合わせてコの字縫いをし、前端を合わせてマチ針でとめる

3 衿ぐりを縫う

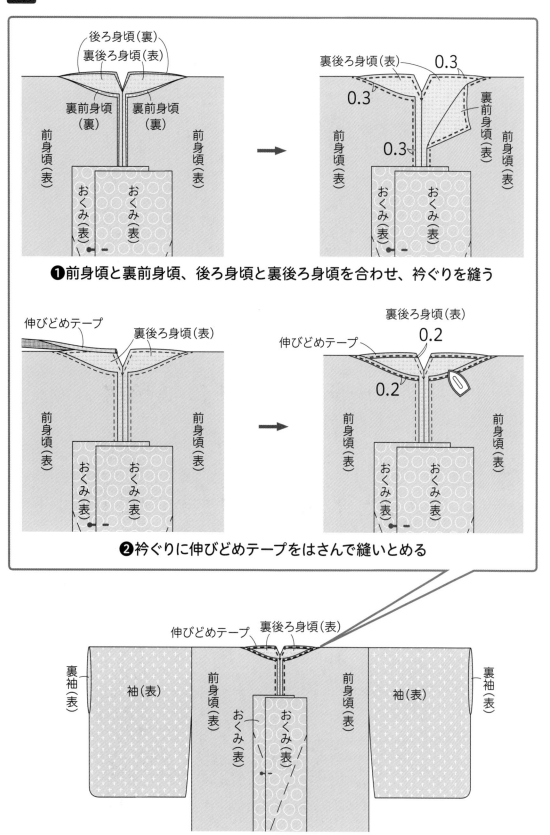

後ろ身頃（裏）
裏後ろ身頃（表）
裏前身頃（裏）
裏前身頃（裏）
前身頃（表）
前身頃（表）
おくみ（表）
おくみ（表）

裏後ろ身頃（表） 0.3
0.3
裏前身頃（表）
0.3
前身頃（表）
前身頃（表）
おくみ（表）
おくみ（表）

❶前身頃と裏前身頃、後ろ身頃と裏後ろ身頃を合わせ、衿ぐりを縫う

伸びどめテープ
裏後ろ身頃（表）
前身頃（表）
前身頃（表）
おくみ（表）
おくみ（表）

裏後ろ身頃（表） 0.2
伸びどめテープ
0.2
前身頃（表）
前身頃（表）
おくみ（表）
おくみ（表）

❷衿ぐりに伸びどめテープをはさんで縫いとめる

伸びどめテープ
裏後ろ身頃（表）
裏袖（表）
袖（表）
前身頃（表）
おくみ（表）
前身頃（表）
袖（表）
裏袖（表）

4 着物に印をつけて裁つ（P.25-③-Ⓐ・P.26-④-Ⓐ）

裁ち図 ✂ ❶裁ち線の印をつけて仮縫いし、裾を裁つ

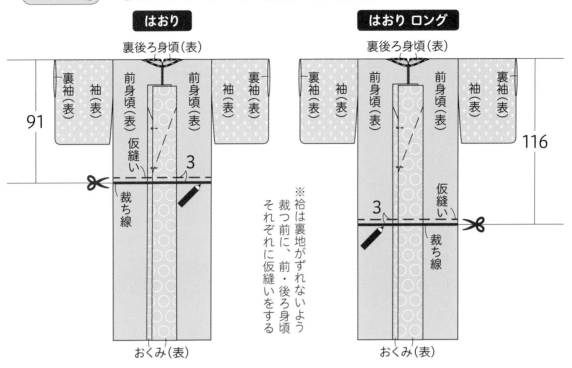

はおり

裏後ろ身頃（表）

裏袖（表）　袖（表）　前身頃（表）　仮縫い　前身頃（表）　袖（表）　裏袖（表）

91

裁ち線

3

おくみ（表）

はおり ロング

裏後ろ身頃（表）

裏袖（表）　袖（表）　前身頃（表）　前身頃（表）　袖（表）　裏袖（表）

116

仮縫い

裁ち線

3

おくみ（表）

※袷は裏地がずれないよう
裁つ前に、前・後ろ身頃
それぞれに仮縫いをする

5 裾とおくみの前端を縫う

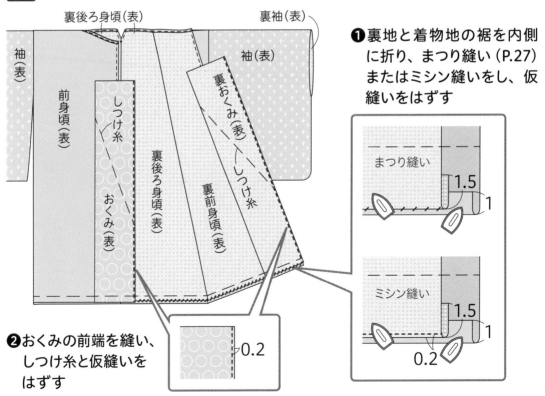

裏後ろ身頃（表）　　　　　　裏袖（表）

袖（表）　前身頃（表）　しつけ糸　おくみ（表）　裏後ろ身頃（表）　裏前身頃（表）　裏おくみ（表）　しつけ糸　袖（表）

❶裏地と着物地の裾を内側
　に折り、まつり縫い（P.27）
　またはミシン縫いをし、仮
　縫いをはずす

まつり縫い　1.5　1

ミシン縫い　1.5　1
0.2

❷おくみの前端を縫い、
　しつけ糸と仮縫いを
　はずす

0.2

6 袖を裁ち、袖下を縫う

❶袖の仕上がり線と裁ち線
の印をつけて袖下を縫う

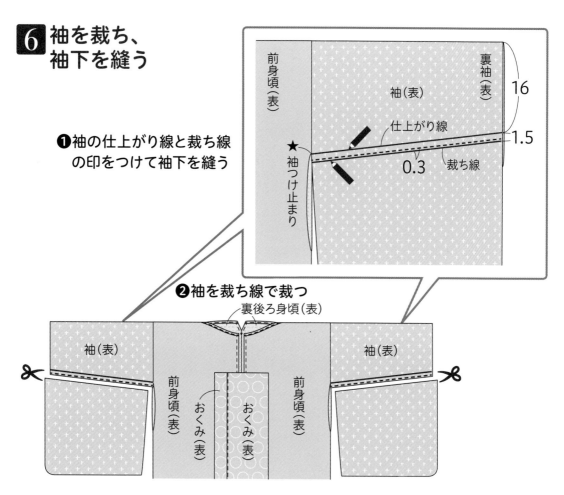

前身頃（表）

袖（表）

裏袖（表）　16

仕上がり線

1.5

0.3

裁ち線

★袖つけ止まり

❷袖を裁ち線で裁つ

裏後ろ身頃（表）

袖（表）

前身頃（表）

おくみ（表）

おくみ（表）

前身頃（表）

袖（表）

❸裏側に返して袖をととのえ、
袖下を縫う

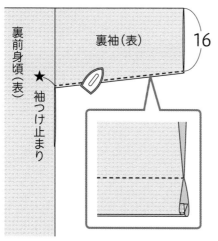

裏前身頃（表）

★袖つけ止まり

裏袖（表）　16

❹袖下の縫い代を後ろ身頃側にたおし、
コの字縫いで袖口にとめる

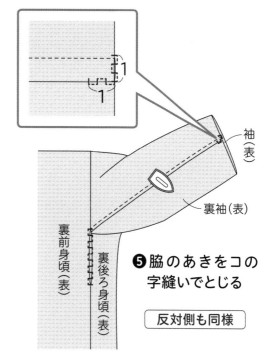

1

1

袖（表）

裏袖（表）

裏前身頃（表）

裏後ろ身頃（表）

❺脇のあきをコの
字縫いでとじる

反対側も同様

51

7 衿ぐりを折る

❶裏前身頃と裏おくみに衿ぐり線の印をつける

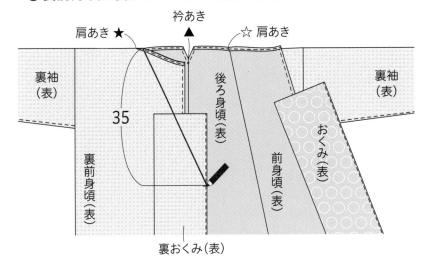

衿あき ▲
肩あき ★
☆ 肩あき
裏袖（表）
後ろ身頃（表）
裏袖（表）
35
裏前身頃（表）
おくみ（表）
前身頃（表）
裏おくみ（表）

❷前衿ぐりを印で折る

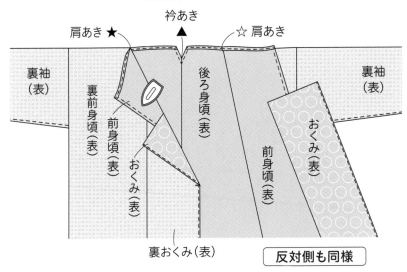

衿あき ▲
肩あき ★
☆ 肩あき
裏袖（表）
裏前身頃（表）
前身頃（表）
おくみ（表）
後ろ身頃（表）
前身頃（表）
おくみ（表）
裏袖（表）
裏おくみ（表）

反対側も同様

❸後ろ衿ぐりを折る

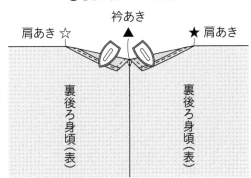

衿あき ▲
肩あき ☆
★ 肩あき
裏後ろ身頃（表）
裏後ろ身頃（表）

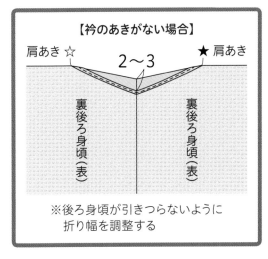

【衿のあきがない場合】
肩あき ☆
2〜3
★ 肩あき
裏後ろ身頃（表）
裏後ろ身頃（表）
※後ろ身頃が引きつらないように
折り幅を調整する

8 衿ぐりを縫う

❶衿ぐりを縫う

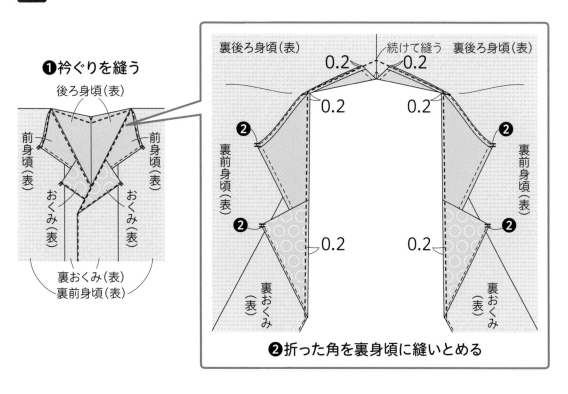

後ろ身頃(表)

前身頃(表)

前身頃(表)

おくみ(表)

おくみ(表)

裏おくみ(表)
裏前身頃(表)

裏後ろ身頃(表) 　続けて縫う　裏後ろ身頃(表)

0.2　　　0.2

0.2　　　0.2

❷

❷

裏前身頃(表)

裏前身頃(表)

❷

❷

0.2　　　0.2

裏おくみ(表)

裏おくみ(表)

❷折った角を裏身頃に縫いとめる

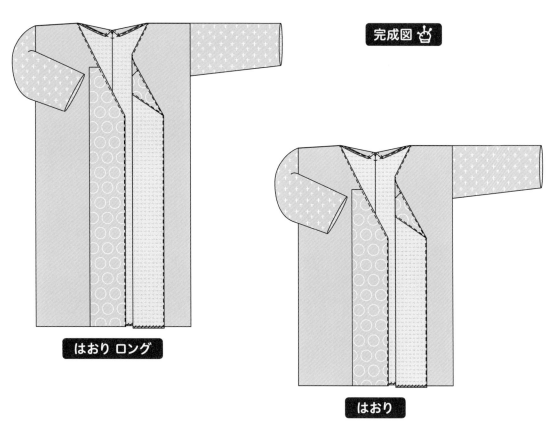

完成図 👕

はおり ロング

はおり

※単位は㎝
◀──▶ 布のたて地の方向
～～～ 縁かがり縫い（裁ち図のみに記載）
┄┄┄ 解説している縫い線
┄┄┄ 縫い終えた線
●┄┄ 縫い止まり
── 中心線

ジャケット＆ラップ風スカート

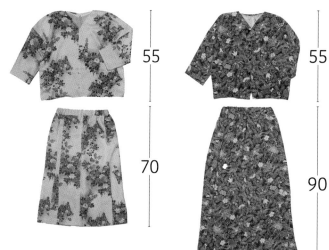

55

70

写真 P.10

タックジャケット＆フレアスカート

55

90

写真 P.12

材料

【共通】
●袷着物…1枚
【ジャケット用】
●1.5㎝幅の伸びどめテープ（片面アイロン接着 P.47）…適宜
●直径 1.2㎝の足つきボタン…5 個
●ボタン用ループ…5 個
【スカート用】
●3㎝幅の平ゴム…適宜（ウエスト＋1㎝を調整）

作り方 ▷ ジャケット・タックジャケット共通

1 着物に印をつけて裁つ（P.25- 3 - Ⓐ・P.26- 4 - Ⓐ）

❶着物に裁ち線の印をつけて仮縫いをし、ジャケットとスカートを裁つ

ジャケット＆ラップ風スカート

裁ち図 ✂

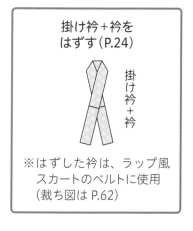

掛け衿＋衿をはずす（P.24）

掛け衿＋衿

※はずした衿は、ラップ風スカートのベルトに使用（裁ち図は P.62）

裏後ろ身頃（表）

袖（表）

しつけ糸

袖（表）

ジャケット
56

3

裁ち線

仮縫い

3

※袷は裏地がずれないよう裁つ前に、前・後ろ身頃それぞれに仮縫いをする

前身頃（表）

前身頃（表）

ラップ風スカート
67

おくみ（表）

タックジャケット＆フレアスカート

裁ち図 ✂

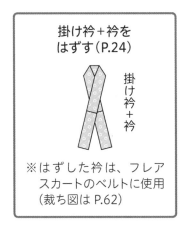

掛け衿＋衿を
はずす(P.24)

掛け衿＋衿

※はずした衿は、フレア
スカートのベルトに使用
（裁ち図は P.62）

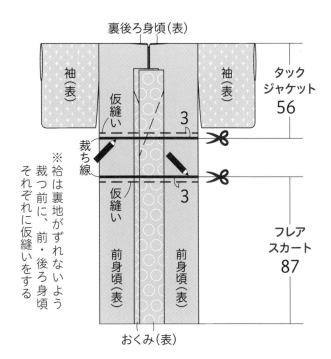

裏後ろ身頃（表）

袖（表）

袖（表）

仮縫い

タックジャケット
56

裁ち線

3 ✂

※袷は裏地がずれないよう
裁つ前に、前・後ろ身頃
それぞれに仮縫いをする

仮縫い

3 ✂

フレア
スカート
87

前身頃（表）

前身頃（表）

おくみ（表）

② 前身頃のおくみをはずす

❶前端に仮縫いをし、おくみ・裏おくみをはずす

裏後ろ身頃（表）

袖（表）

前身頃（表）

3

3

前身頃（表）

袖（表）

糸を抜く
おくみ（裏）

おくみ（表）

裏おくみ
（表）

裏おくみ（表）

はずす

はずす

はずす

3 前身頃の前端にボタンをつける

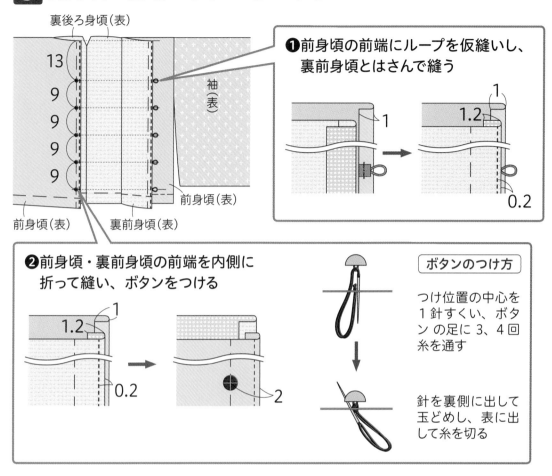

裏後ろ身頃（表）

13
9
9
9
9

前身頃（表）

前身頃（表）　　裏前身頃（表）

袖（表）

前身頃（表）

❶前身頃の前端にループを仮縫いし、裏前身頃とはさんで縫う

1

1.2

1

0.2

❷前身頃・裏前身頃の前端を内側に折って縫い、ボタンをつける

1

1.2

0.2

2

ボタンのつけ方

つけ位置の中心を
1針すくい、ボタ
ンの足に3、4回
糸を通す

針を裏側に出して
玉どめし、表に出
して糸を切る

4 衿ぐりを縫う

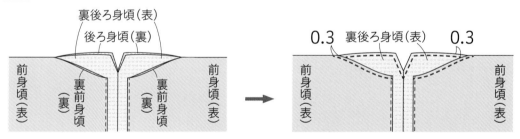

裏後ろ身頃（表）
後ろ身頃（裏）

前身頃（表）

裏前身頃（裏）

裏前身頃（裏）

前身頃（表）

0.3　裏後ろ身頃（表）　0.3

前身頃（表）

前身頃（表）

❶前端の仮縫いをはずし、前身頃と裏前身頃、後ろ身頃と裏後ろ身頃を合わせ、衿ぐりを縫う

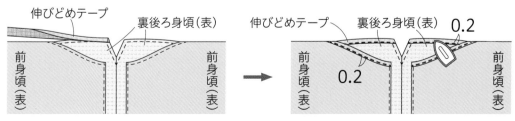

伸びどめテープ　　裏後ろ身頃（表）

前身頃（表）

前身頃（裏）

伸びどめテープ　　裏後ろ身頃（表）　0.2

前身頃（表）

0.2

前身頃（裏）

❷衿ぐりに伸びどめテープをはさんで縫い止める

5 袖を縫って裁つ

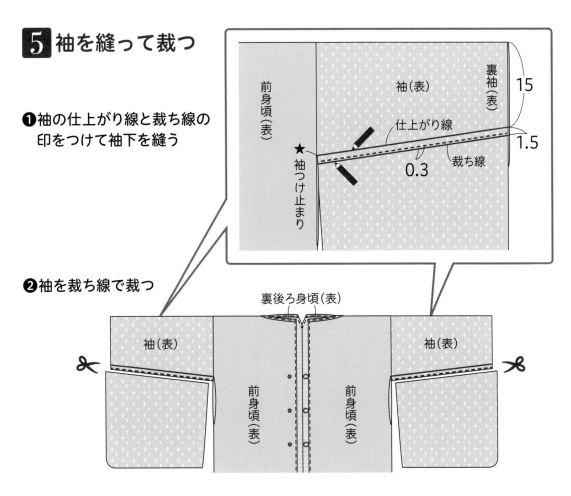

❶袖の仕上がり線と裁ち線の
　印をつけて袖下を縫う

前身頃（表）

★袖つけ止まり

袖（表）

裏袖（表）

15

仕上がり線

0.3

裁ち線

1.5

❷袖を裁ち線で裁つ

裏後ろ身頃（表）

袖（表）

袖（表）

前身頃（表）

前身頃（表）

❸裏側に返して袖をととのえ、
　袖下を縫う

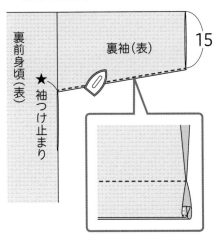

裏前身頃（表）

★袖つけ止まり

裏袖（表）

15

❹袖下の縫い代を後ろ身頃側にたおし、
　コの字縫い（P.27）で袖口にとめる

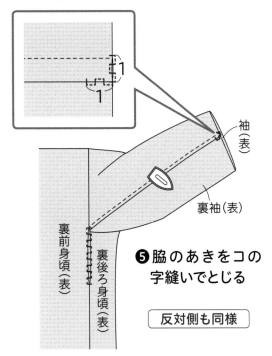

1

1

袖（表）

裏袖（表）

裏前身頃（表）

裏後ろ身頃（表）

❺脇のあきをコの
　字縫いでとじる

反対側も同様

6 衿ぐりを作る

❶裏前身頃に衿ぐり線の印をつけ、前衿ぐりを折る

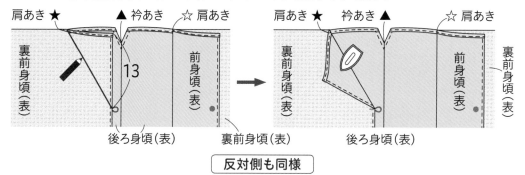

肩あき ★　▲ 衿あき　☆ 肩あき
裏前身頃（表）　13　前身頃（表）
後ろ身頃（表）　裏前身頃（表）

肩あき ★　衿あき ▲　☆ 肩あき
裏前身頃（表）　前身頃（表）
後ろ身頃（表）　裏前身頃（表）

| 反対側も同様 |

❷後ろ衿ぐりを折る

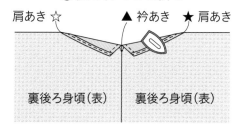

肩あき ☆　▲ 衿あき　★ 肩あき
裏後ろ身頃（表）　裏後ろ身頃（表）

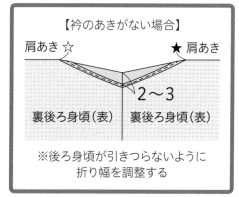

【衿のあきがない場合】
肩あき ☆　★ 肩あき
裏後ろ身頃（表）　2〜3　裏後ろ身頃（表）

※後ろ身頃が引きつらないように
折り幅を調整する

❸衿ぐりを縫う

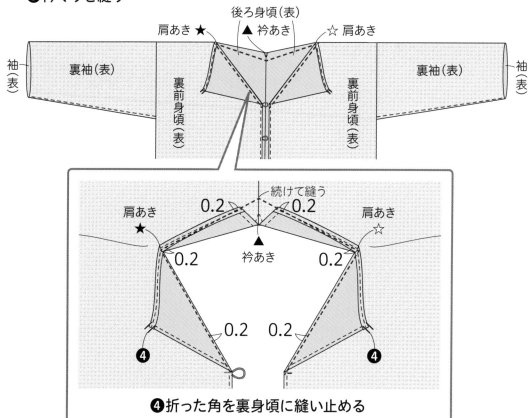

後ろ身頃（表）
肩あき ★　▲ 衿あき　☆ 肩あき
袖（表）　裏袖（表）　裏前身頃（表）　裏前身頃（表）　裏袖（表）　袖（表）

続けて縫う
0.2　0.2
肩あき ★　肩あき ☆
0.2　衿あき ▲　0.2
0.2　0.2
❹　❹

❹折った角を裏身頃に縫い止める

58

7 裾を縫う

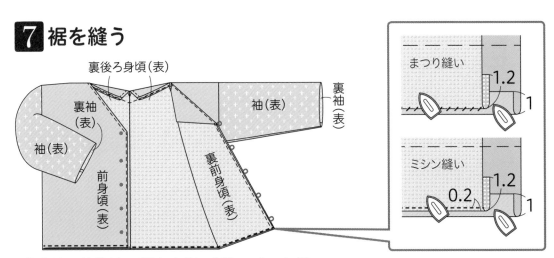

❶裏地と着物地の裾を内側に折り、まつり縫い
（P.27）またはミシン縫いをし、仮縫いをはずす

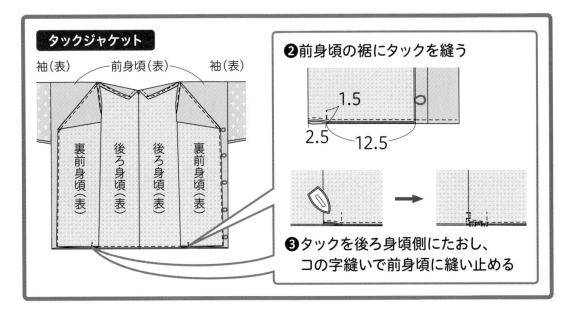

タックジャケット

❷前身頃の裾にタックを縫う

❸タックを後ろ身頃側にたおし、
コの字縫いで前身頃に縫い止める

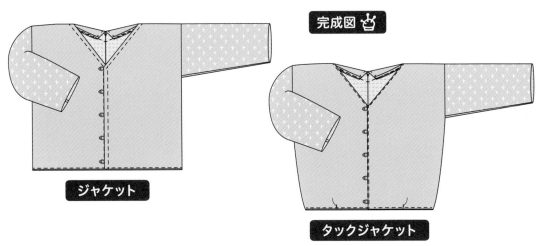

完成図

ジャケット

タックジャケット

8 裁った着物の裾にスカートの縫い合わせの印をつける

❶スカートのウエスト側を補強用に縫う

ラップ風スカート

0.3　　0.3　　ウエスト側　0.3　　　0.3　　0.3　　Ⓐ

120

42

おくみ前端

おくみ（表）

前身頃（表）

後ろ身頃（表）

後ろ身頃（表）

前身頃（表）

❷スカートに縫い合わせの印をつける

フレアスカート

0.3　　0.3　　ウエスト側　0.3　　　0.3　　0.3　　2　❷

57

おくみ前端

おくみ（表）

前身頃（表）

後ろ身頃（表）

後ろ身頃（表）

前身頃（表）

おくみ（表）

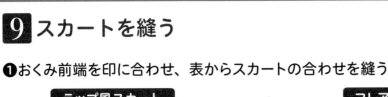

9 スカートを縫う

❶おくみ前端を印に合わせ、表からスカートの合わせを縫う

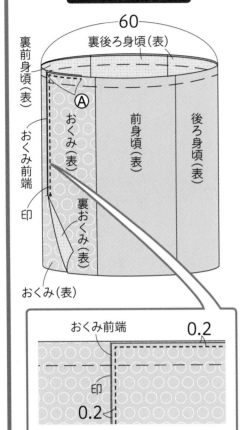

ラップ風スカート

60
裏後ろ身頃（表）
裏前身頃（表）
おくみ前端
印
Ⓐ
おくみ（表）
前身頃（表）
後ろ身頃（表）
裏おくみ（表）
おくみ（表）

おくみ前端　0.2
印
0.2

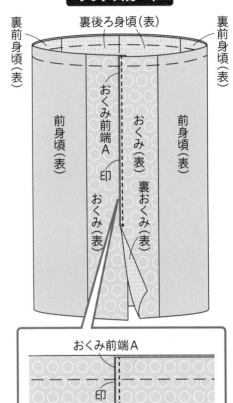

フレアスカート

裏後ろ身頃（表）
裏前身頃（表）
裏前身頃（表）
おくみ前端A
印
おくみ（表）
前身頃（表）
前身頃（表）
裏おくみ（表）

おくみ前端A
印
0.2

フレアスカート

❶スカートを裏に返して、着物の後ろ
中心にタックを縫う　※ここから着物名称を省略

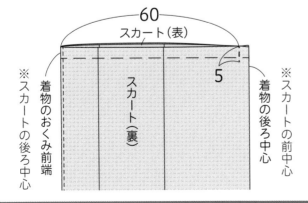

60
スカート（表）
※スカートの後ろ中心
着物のおくみ前端
スカート（裏）
5
※スカートの前中心
着物の後ろ中心

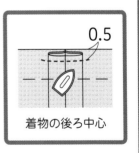

0.5
着物の後ろ中心

❷タックをたたんで
押さえ縫いする

10 ベルトを作る

裁ち図 ✂

❶着物からはずした衿を裁ち図の寸法に裁つ

衿（表）・ベルト（表）　10.3
122

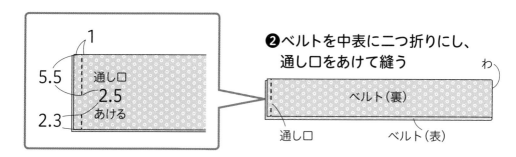

1
5.5
通し口
2.5
あける
2.3

❷ベルトを中表に二つ折りにし、通し口をあけて縫う

わ
ベルト（裏）
通し口　　ベルト（表）

❸縫い代を割る　　　　　ベルト（表）

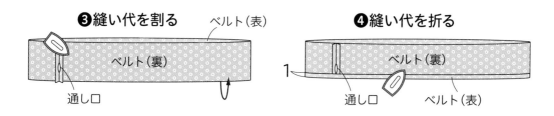

ベルト（裏）
通し口

❹縫い代を折る

ベルト（裏）
1
通し口　　ベルト（表）

11 ベルトをスカートに縫い合わせる

❶スカートの上にベルトを重ねて縫い合わせる

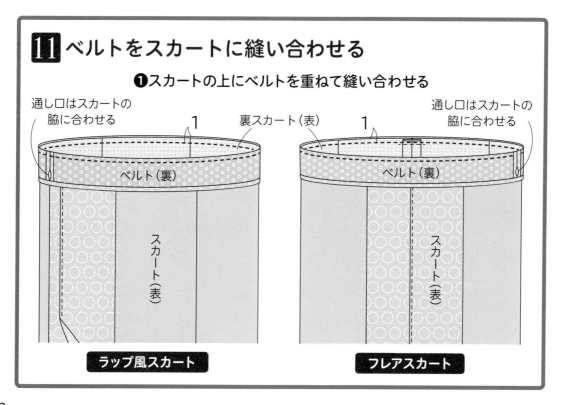

通し口はスカートの脇に合わせる
1　　裏スカート（表）
通し口はスカートの脇に合わせる
1

ベルト（裏）　　　　　　　　ベルト（裏）

スカート（表）　　　　　　　　スカート（表）

ラップ風スカート　　　　　　フレアスカート

12 ベルトを縫い、平ゴムを通す

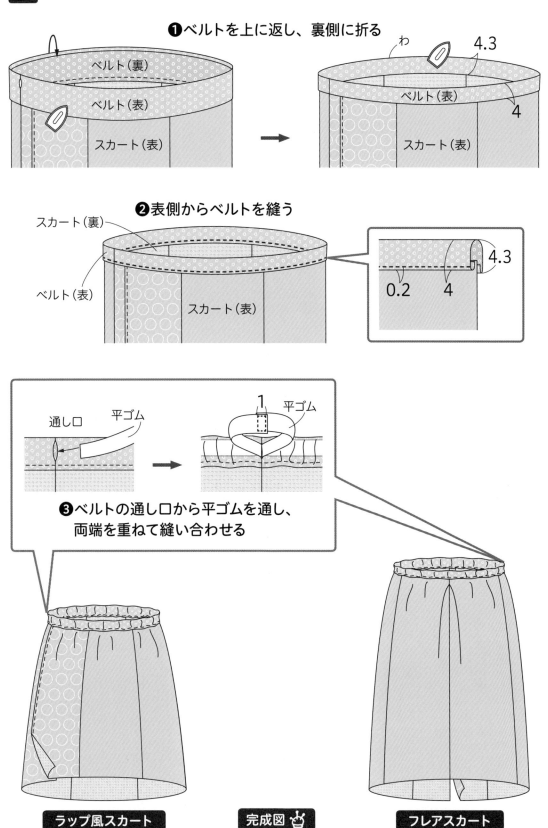

❶ベルトを上に返し、裏側に折る

ベルト（裏）
ベルト（表）
スカート（表）

わ
4.3
ベルト（表）
4
スカート（表）

❷表側からベルトを縫う

スカート（裏）
ベルト（表）
スカート（表）

4.3
0.2　4

通し口　平ゴム

1　平ゴム

❸ベルトの通し口から平ゴムを通し、
両端を重ねて縫い合わせる

ラップ風スカート　　完成図　　フレアスカート

※単位はcm
◀▶ 布のたて地の方向
〰〰 縁かがり縫い（裁ち図のみに記載）
┅┅ 解説している縫い線
┄┄ 縫い終えた線
●┄ 縫い止まり
─ ─ 中心線

ポケットワンピース

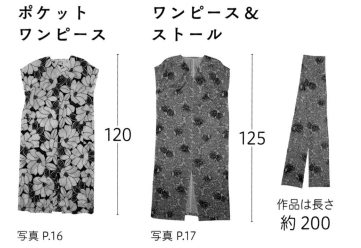

120

写真 P.16

ワンピース＆ストール

125

作品は長さ
約 200

写真 P.17

材料 ─────────●
【ポケットワンピース用】
●浴衣…1枚
【ワンピース＆ストール用】
●単衣着物…1枚
【共通】
●1.5cm幅の伸びどめテープ
（片面アイロン接着 P.47）
…適宜

作り方 🐰 ポケットワンピース・ワンピース共通

1 着物に印をつけて裁つ（P.25-3-A・P.26-4-A）

❶着物に裁ち線の印をつけ、裁つ

裁ち図 ✂️

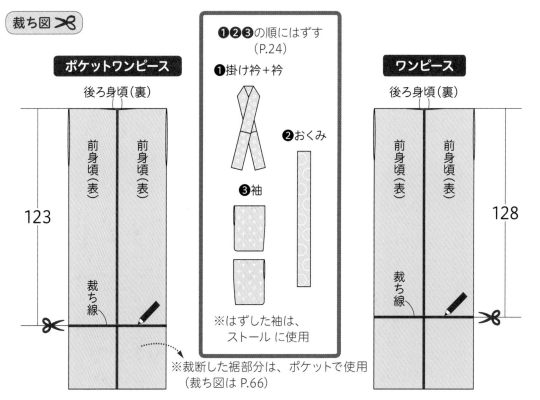

ポケットワンピース

後ろ身頃（裏）

前身頃（表）　前身頃（表）

123

裁ち線

❶❷❸の順にはずす
（P.24）
❶掛け衿＋衿
❷おくみ
❸袖

※はずした袖は、
ストール に使用

ワンピース

後ろ身頃（裏）

前身頃（表）　前身頃（表）

128

裁ち線

※裁断した裾部分は、ポケットで使用
（裁ち図は P.66）

2 衿ぐりを縫う

❶衿ぐりを伸びどめテープではさむ

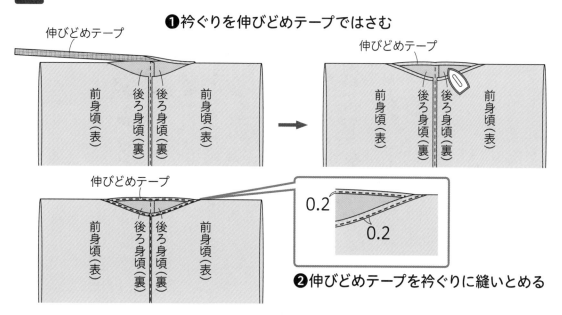

❷伸びどめテープを衿ぐりに縫いとめる

3 前・後ろ身頃のダーツと肩のタックを縫う

❶裏側に返して前身頃にダーツの印をつける

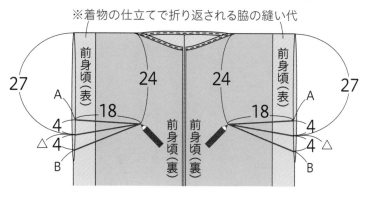

❷AとBを重ねてダーツを縫い、肩側にたおして角を身頃に縫いとめる

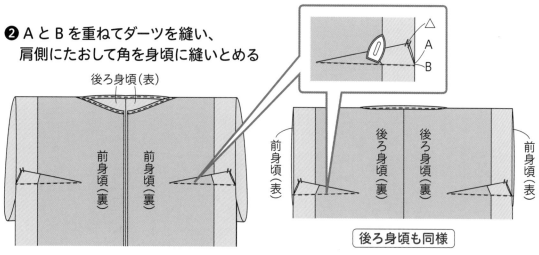

後ろ身頃も同様

4 肩先にタックを縫う

❶肩先にタックを縫う

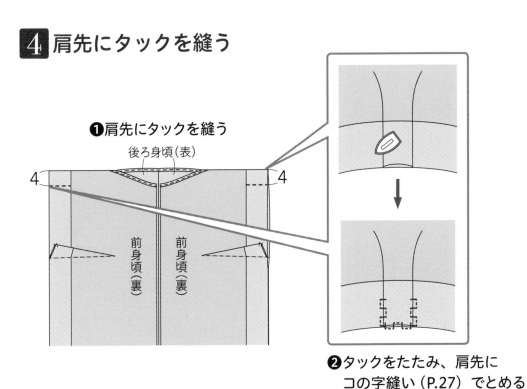

後ろ身頃（表）

4　　　　　　　　　4

前身頃（裏）　前身頃（裏）

❷タックをたたみ、肩先に
　コの字縫い（P.27）でとめる

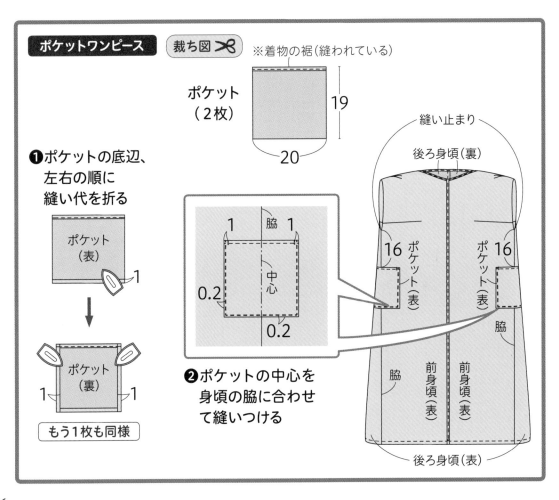

ポケットワンピース　　裁ち図 ✂

※着物の裾（縫われている）

ポケット
（2枚）

19

20

縫い止まり

後ろ身頃（裏）

❶ポケットの底辺、
　左右の順に
　縫い代を折る

ポケット
（表）

1

ポケット
（裏）

1　　　1

もう1枚も同様

1　脇　1

中心

0.2

0.2

❷ポケットの中心を
　身頃の脇に合わせ
　て縫いつける

16　ポケット（表）　　ポケット（表）　16

脇

脇　　脇

前身頃（表）　前身頃（表）

後ろ身頃（表）

5 裾と前身頃の中心を縫い、衿ぐりを折る

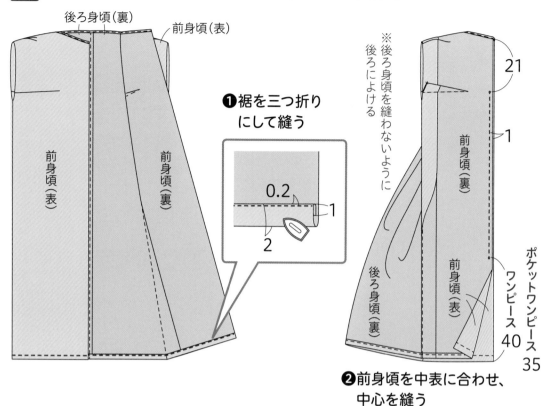

後ろ身頃（裏）　前身頃（表）

前身頃（表）

前身頃（裏）

❶裾を三つ折り
　にして縫う

0.2
1
2

※後ろ身頃を縫わないように
後ろによける

21
1

前身頃（裏）

後ろ身頃（裏）

前身頃（表）

ポケットワンピース35
ワンピース40

❷前身頃を中表に合わせ、
　中心を縫う

❸前身頃中心の縫い代を割る

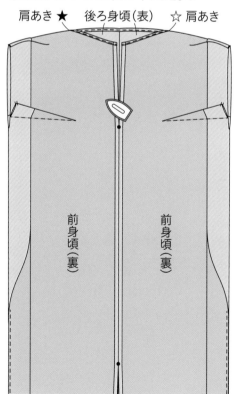

肩あき★　後ろ身頃（表）　☆肩あき

前身頃（裏）　前身頃（裏）

❹前身頃の衿ぐりを折る

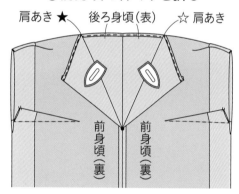

肩あき★　後ろ身頃（表）　☆肩あき

前身頃（裏）　前身頃（裏）

❺後ろ身頃の衿ぐりを折る

※後ろ身頃が引きつらないように折り幅を調整する

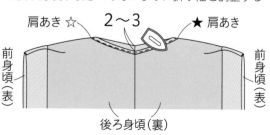

肩あき☆　2〜3　★肩あき

前身頃（表）　前身頃（表）

後ろ身頃（裏）

6 衿ぐりとスリットを縫う

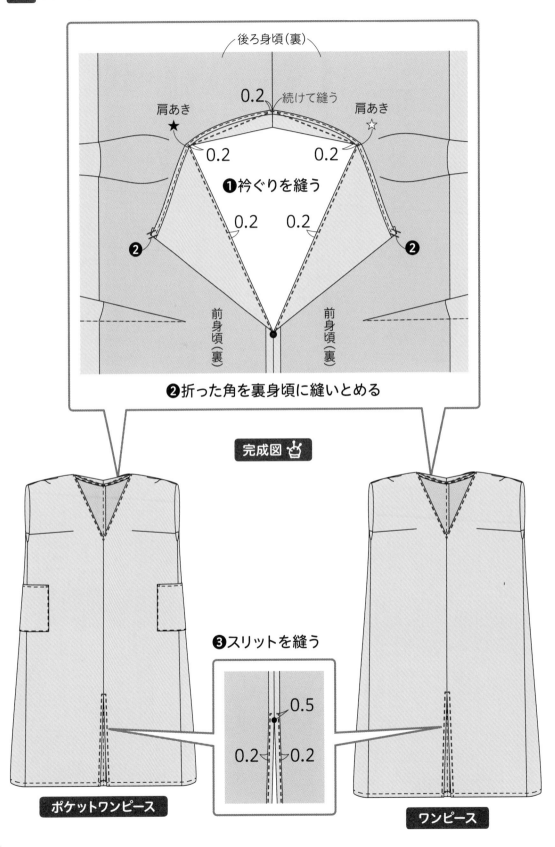

後ろ身頃（裏）

0.2 続けて縫う

肩あき ★   肩あき ☆

0.2   0.2

❶衿ぐりを縫う

0.2   0.2

❷   ❷

前身頃（裏）   前身頃（裏）

❷折った角を裏身頃に縫いとめる

完成図 👑

❸スリットを縫う

0.5

0.2 ⤸⤹ 0.2

ポケットワンピース   ワンピース

7 ストールを縫う

❶袖の糸を抜き、着物地をととのえる

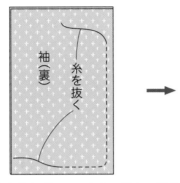

袖（裏）

糸を抜く

→

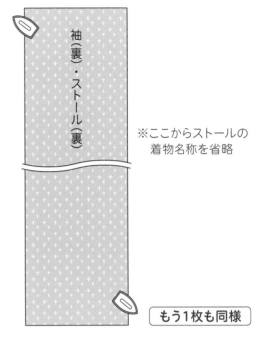

袖（裏）・ストール（裏）

※ここからストールの着物名称を省略

もう1枚も同様

※作品は袖を裁たずにそのままの長さで制作（好みの長さに裁断してもよい）

❷ストールを中表に合わせて縫いつなぐ

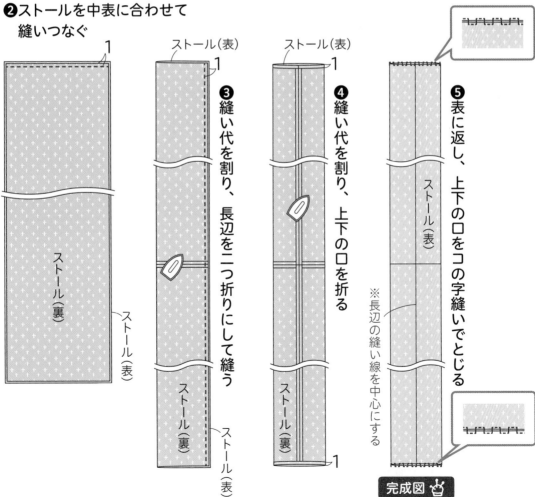

1

ストール（裏）

ストール（表）

ストール（表）

1

❸縫い代を割り、長辺を二つ折りにして縫う

ストール（裏）

ストール（表）

ストール（表）

1

❹縫い代を割り、上下の口を折る

ストール（裏）

1

ストール（表）

1

❺表に返し、上下の口をコの字縫いでとじる

ストール（表）

※長辺の縫い線を中心にする

完成図 🥢

※単位は㎝
←→ 布のたて地の方向
〰〰 縁かがり縫い（裁ち図のみに記載）
┅┅ 解説している縫い線
┈┈ 縫い終えた線
●┈ 縫い止まり
─ ・─ 中心線

スクエアネック ワンピース

110

写真 P.18

スクエアネック ワンピース ロング

120

写真 P.19

材料

【共通】
●袷着物…1枚
●0.6㎝幅の平ゴム…26㎝×2本

（作り方）スクエアネックワンピース・スクエアネックワンピース ロング共通

1 着物に印をつけて裁つ（P.25- 3 - B ・ P.26- 4 - A）

❶着物に裁ち線の印をつけ、仮縫いをして裁つ

裁ち図 ✂

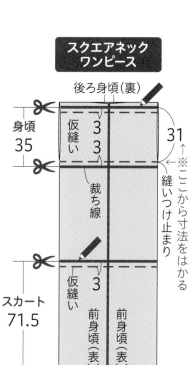

スクエアネック ワンピース

後ろ身頃（裏）

身頃 35

仮縫い 3 3

裁ち線

31
←※ここから寸法をはかる
縫いつけ止まり

仮縫い 3

スカート 71.5

前身頃（表） 前身頃（表）

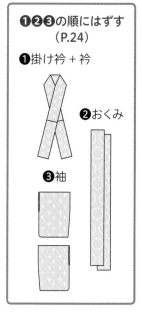

❶❷❸の順にはずす
（P.24）

❶掛け衿 + 衿

❷おくみ

❸袖

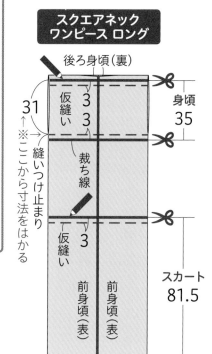

スクエアネック ワンピース ロング

後ろ身頃（裏）

身頃 35

仮縫い 3 3

裁ち線

31
←※ここから寸法をはかる
縫いつけ止まり

仮縫い 3

スカート 81.5

前身頃（表） 前身頃（表）

2 身頃と肩ヨークに縁かがり縫いをする

❶ 袖をはずしたときにほどけた袖ぐりをコの字縫い（P.27）で補正する

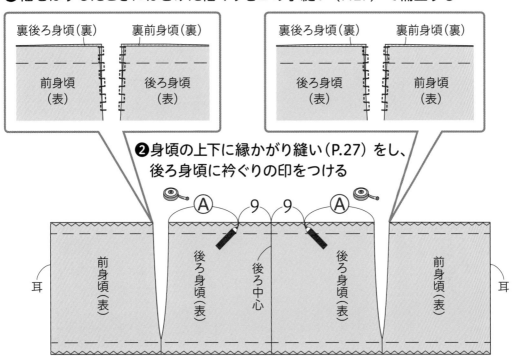

❷ 身頃の上下に縁かがり縫い（P.27）をし、後ろ身頃に衿ぐりの印をつける

❸ 衿ぐり横の Ⓐ をはかり、あまった着物地の裏地をはずして肩ヨークを裁ち、縁かがり縫いをする

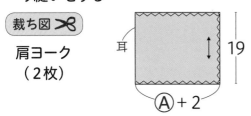

裁ち図 ✂

肩ヨーク
（2枚）

❹ 肩ヨークの左右を折って縫う

※ここから縁かがり縫いを省略

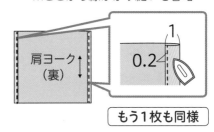

もう1枚も同様

3 前中心を縫う

❶ 身頃を中表に合わせ、前身頃の中心を縫う

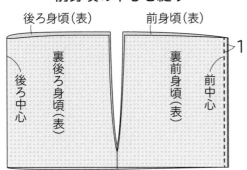

❷ 縫い代を割る

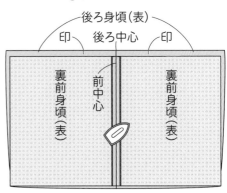

71

4 肩ヨークを身頃に縫い合わせ、衿ぐりを縫う

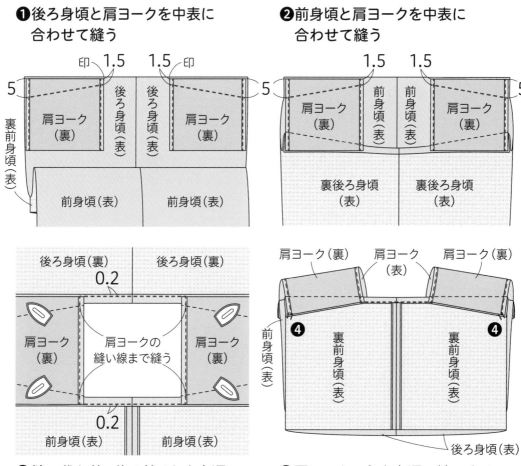

❶後ろ身頃と肩ヨークを中表に合わせて縫う

印 1.5　1.5 印

5

肩ヨーク（裏）　後ろ身頃（表）　後ろ身頃（表）　肩ヨーク（裏）

裏前身頃（表）

前身頃（表）　前身頃（表）

❷前身頃と肩ヨークを中表に合わせて縫う

1.5　1.5

5　　　　　　　　　　5

肩ヨーク（裏）　前身頃（表）　前身頃（表）　肩ヨーク（裏）

裏後ろ身頃（表）　裏後ろ身頃（表）

❸縫い代と前・後ろ衿ぐりを身頃側にたおして⌐¬を縫う

後ろ身頃（裏）　後ろ身頃（裏）
0.2
肩ヨーク（裏）　肩ヨークの縫い線まで縫う　肩ヨーク（裏）
0.2
前身頃（表）　前身頃（表）

❹肩ヨークの角を身頃に縫い止める
後ろ身頃側も同様

肩ヨーク（裏）　肩ヨーク（表）　肩ヨーク（裏）
前身頃（表）　❹　裏前身頃（表）　裏前身頃（表）　❹
後ろ身頃（表）

5 スカートを縁かがり縫いをする

❶スカートのウエスト側に縁かがり縫いをする

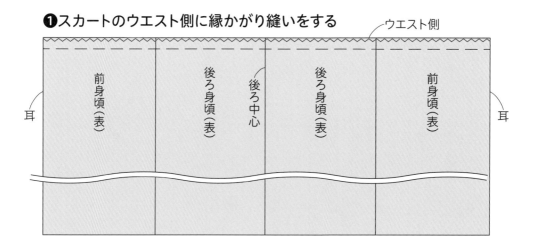

ウエスト側

耳　前身頃（表）　後ろ身頃（表）　後ろ中心　後ろ身頃（表）　前身頃（表）　耳

6 スカートの前中心とスリットを縫う

❶身頃を中表に合わせ、前身頃の中心を縫う

※ここから縁かがり縫いを省略

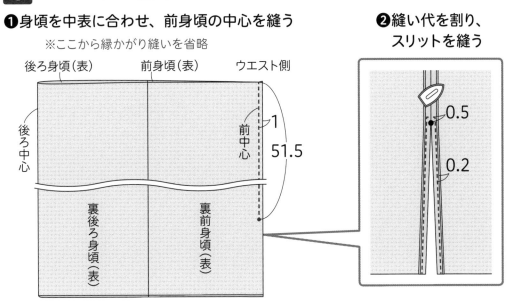

後ろ身頃（表）　前身頃（表）　ウエスト側

後ろ中心

前中心

1

51.5

裏後ろ身頃（表）

裏前身頃（表）

❷縫い代を割り、スリットを縫う

0.5

0.2

7 身頃とスカートを縫い合わせる

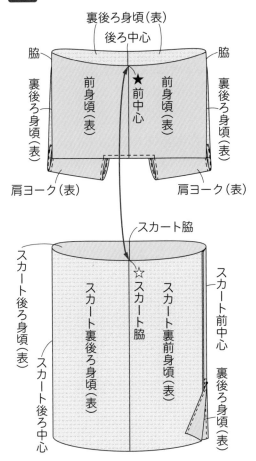

裏後ろ身頃（表）

後ろ中心

脇　脇

裏後ろ身頃（表）　前身頃（表）　★前中心　前身頃（表）　裏後ろ身頃（表）

肩ヨーク（表）　肩ヨーク（表）

スカート脇

スカート後ろ身頃（表）　スカート裏後ろ身頃（表）　☆スカート脇　スカート裏前身頃（表）　スカート前中心　裏後ろ身頃（表）

スカート後ろ中心

❶身頃の★（前中心）と☆（スカート脇）を中表に合わせ、ウエストを縫い、仮縫いをはずす

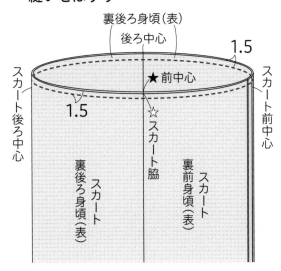

裏後ろ身頃（表）

後ろ中心

1.5

★前中心

1.5

☆スカート脇

スカート後ろ中心

スカート裏後ろ身頃（表）

スカート裏前身頃（表）

スカート前中心

8 ウエストに平ゴムを通し、袖口を縫う

❶ウエストの縫い代をスカート側にたおし
左右の脇のウエストに、ゴム通しを縫う

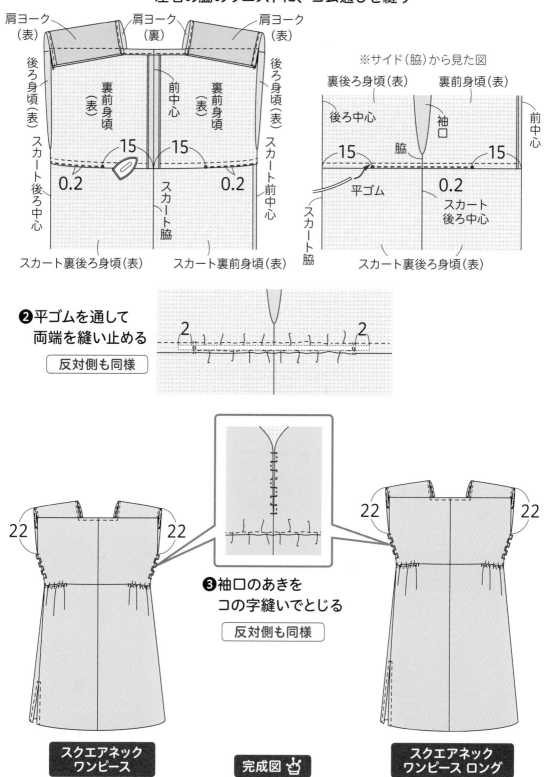

肩ヨーク（表）　肩ヨーク（裏）　肩ヨーク（表）

後ろ身頃（表）
裏前身頃（表）
前中心
裏前身頃（表）
後ろ身頃（表）

スカート後ろ中心　スカート脇

15　15

0.2　0.2

スカート前中心

スカート裏後ろ身頃（表）　スカート裏前身頃（表）

※サイド（脇）から見た図

裏後ろ身頃（表）　裏前身頃（表）

後ろ中心　袖口　前中心
脇

15　15

平ゴム　0.2
スカート後ろ中心
スカート脇

スカート裏後ろ身頃（表）

❷平ゴムを通して
両端を縫い止める
反対側も同様

2　2

❸袖口のあきを
コの字縫いでとじる
反対側も同様

22　22

22　22

スクエアネック
ワンピース

完成図

スクエアネック
ワンピース ロング

※単位はcm
←→ 布のたて地の方向
〜〜〜 縁かがり縫い（裁ち図のみに記載）
----- 解説している縫い線
----- 縫い終えた線
●--- 縫い止まり
—・— 中心線

ベスト

88

写真 P.20

ロングベスト

110

写真 P.21

材料 ─────────────●

【共通】
● 単衣着物…1枚
● 1.5cm幅の伸びどめテープ
　（片面アイロン接着 P.47）…適宜

1 着物に印をつけて裁つ（P.25-**3**-**B**・P.26-**4**-**A**）

❶着物に裁ち線の印をつけて裁つ

裁ち図 ✂

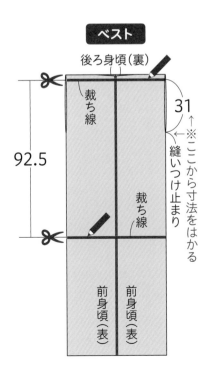

ベスト

後ろ身頃（裏）

裁ち線

裁ち線

92.5

31

※ここから寸法をはかる　縫いつけ止まり

前身頃（表）　前身頃（表）

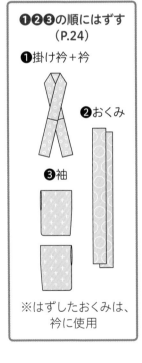

❶❷❸の順にはずす
（P.24）

❶掛け衿＋衿

❷おくみ

❸袖

※はずしたおくみは、
衿に使用

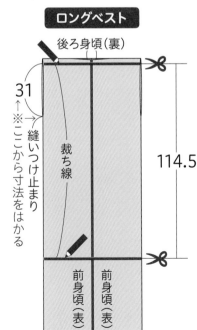

ロングベスト

後ろ身頃（裏）

裁ち線

31

※ここから寸法をはかる　縫いつけ止まり

114.5

前身頃（表）　前身頃（表）

2 身頃と肩ヨークに縁かがり縫いをする

❶前身頃の肩側を裁ち、前・後ろ身頃の肩側に
縁かがり縫い（P.27）をする

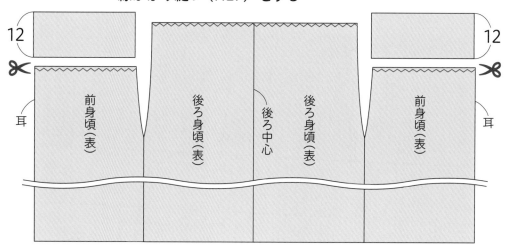

12　　　　　　　　　　　　　　　　　　　　12

耳　前身頃（表）　後ろ身頃（表）　後ろ中心　後ろ身頃（表）　前身頃（表）　耳

❷あまった着物地で肩ヨークを裁ち、
縁かがり縫いする

裁ち図 ✂

肩ヨーク
（2枚）

耳　15　18

❸肩ヨークの左右を折って縫う

※ここから縁かがり縫いを省略

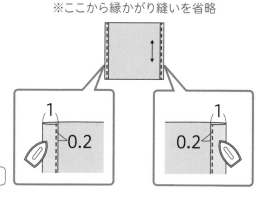

1　0.2　　　1　0.2

もう1枚も同様

3 後ろ中心にタックを縫う

❶後ろ中心にタックを縫う

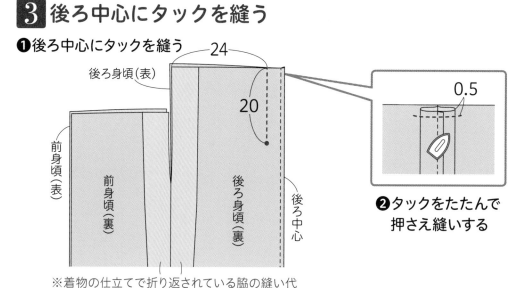

24

後ろ身頃（表）

20

前身頃（表）　前身頃（裏）　後ろ身頃（裏）　後ろ中心

0.5

❷タックをたたんで
押さえ縫いする

※着物の仕立てで折り返されている脇の縫い代

4 前身頃に衿ぐりを作り、前身頃にギャザーをよせる

❶前身頃に衿ぐり線の印をつけ、伸びどめテープを貼って折る

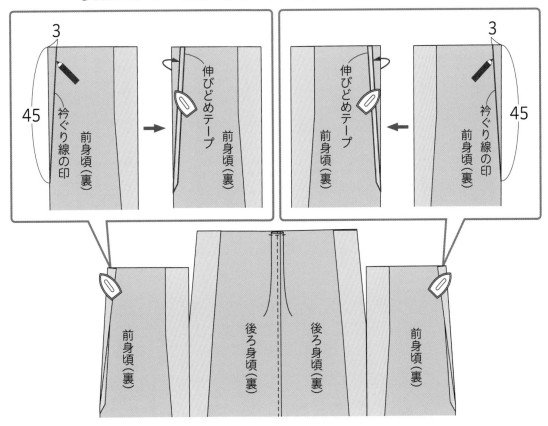

❷前身頃に2本、あら縫い（P.27）をし、前身頃の中心から左右片側
ずつ上糸を引っぱり、肩ヨークの幅までギャザーを均等によせる

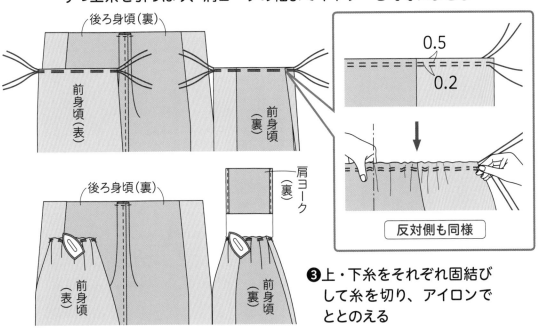

反対側も同様

❸上・下糸をそれぞれ固結び
して糸を切り、アイロンで
ととのえる

5 肩ヨークを身頃に縫い合わせる

❶前身頃と肩ヨークを中表に
合わせて縫う

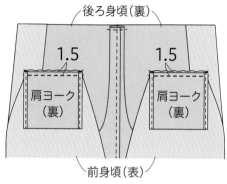

後ろ身頃（裏）

1.5　　1.5

肩ヨーク
（裏）　　肩ヨーク
（裏）

前身頃（表）

❷後ろ身頃と肩ヨークを中表に
合わせて縫う

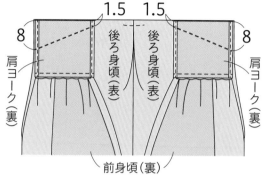

1.5　1.5

8　　　　　　　8

肩ヨーク
（裏）　　後ろ身頃
（表）　後ろ身頃
（表）　肩ヨーク
（裏）

前身頃（裏）

❸肩ヨークの縫い代を
後ろ身頃側にたおし、
角を後ろ身頃に縫い
とめる

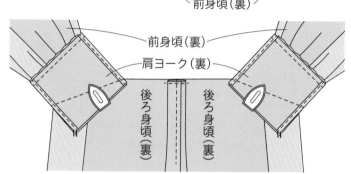

前身頃（裏）

肩ヨーク（裏）

後ろ身頃（裏）　後ろ身頃（裏）

6 おくみで衿を作る

❶はずしたおくみを
ととのえる

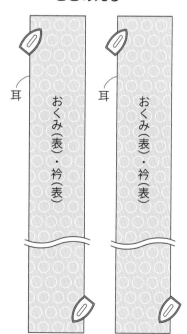

耳

おくみ（表）・衿（表）　おくみ（表）・衿（表）

❷中表に合わせて
衿中心を縫う

1

衿中心

耳

おくみ（裏）・衿（裏）

おくみ（表）・衿（表）

❸縫い代を割って縁かがり縫いをする

おくみ（裏）・衿（裏）

耳

衿中心

耳

おくみ（裏）・衿（裏）

7 身頃に衿を縫いつけ、裾を縫う

※ここから縁かがり縫い、着物名称を省略

**❶衿中心と身頃の後ろ中心を中表に
合わせ、裾まで縫う**

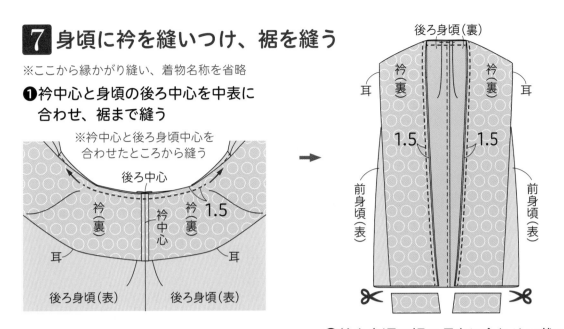

※衿中心と後ろ身頃中心を
合わせたところから縫う

後ろ中心

衿（裏）　衿中心　衿（裏）　1.5

耳　耳

後ろ身頃（表）　後ろ身頃（表）

後ろ身頃（裏）

衿（裏）　衿（裏）

耳　耳

1.5　1.5

前身頃（表）　前身頃（表）

❷衿を身頃の裾の長さに合わせて裁つ

❸縫い代を身頃側にたおして衿を二つ折りにし、後ろ身頃に縫いつける

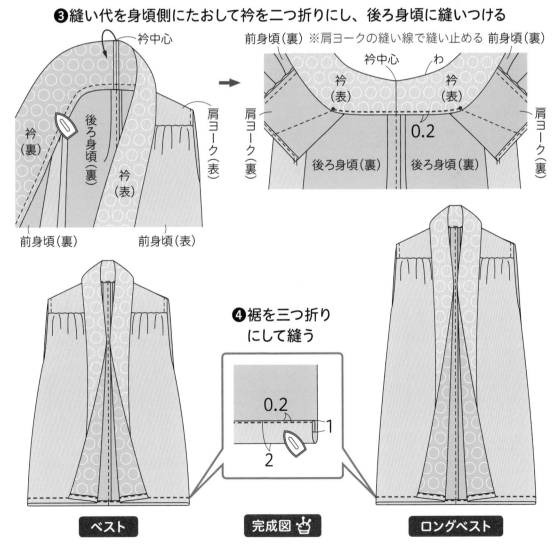

衿中心

衿（裏）　後ろ身頃（裏）　衿（表）　肩ヨーク（表）

前身頃（裏）　前身頃（表）

前身頃（裏）　※肩ヨークの縫い線で縫い止める　前身頃（裏）

衿中心　わ

衿（表）　衿（表）

肩ヨーク（裏）　肩ヨーク（裏）

後ろ身頃（裏）　後ろ身頃（裏）

0.2

**❹裾を三つ折り
にして縫う**

0.2
1
2

ベスト　完成図　ロングベスト

松下純子（まつした・じゅんこ）

大学を卒業後、水着のパタンナーを経て、2005年にWrap Around R.（ラップアラウンド ローブ）を立ち上げる。「着物の色や柄、反物の幅をいかした、今の暮らしにあった服作り」をコンセプトにした作品は、幅広い年代に支持され、テレビや雑誌などで幅広く活動中。大阪市内にあるアトリエRojiroom（ロジルーム）では、着物のリメイク教室やワークショップを開催するほか、着物地やオリジナルパーツなどの販売も行なっている。著書に『型紙いらずのまっすぐ縫い 着物リメイクで大人服、子ども服』『いちばんやさしい着物リメイク』『1枚の着物から2着できる いちばんやさしい着物リメイク』『1本の帯で洋服からバッグまで はじめての帯リメイク』（以上、PHP研究所）、『型紙いらずの着物リメイク 2Way楽しめるシャツワンピース』（河出書房新社）など多数。

Wrap Around R. ホームページ　　http://w-a-robe.com

Staff

撮影
木村正史

ヘアメイク
駒井麻未

モデル
宮野史夏（NAME MANAGEMENT）

縫製アシスタント
清水真弓、阪本真美子、入野佳代子

製図・編集協力
増井菜三子

装幀
朝田春未

校正協力
株式会社ワード

組版
朝日メディアインターナショナル株式会社

編集・本文デザイン
キムラミワコ

着物の形を生かして作る
いちばんやさしい ほどかない着物リメイク

2023年4月3日　第1版第1刷発行
2024年3月25日　第1版第3刷発行

著　者　松下純子
発行者　村上雅基
発行所　株式会社PHP研究所
　　　　京都本部　〒601-8411　京都市南区西九条北ノ内町11
　　　　〈内容のお問い合わせは〉暮らしデザイン出版部 ☎ 075-681-8732
　　　　〈購入のお問い合わせは〉普 及 グ ル ー プ ☎ 075-681-8818
印刷所　図書印刷株式会社